트로츠키 사후의 트로츠키주의
국제사회주의경향의 기원

트로츠키 사후의 트로츠키주의

국제사회주의경향의 기원

토니 클리프 지음 | 이수현 옮김

책갈피

트로츠키 사후의 트로츠키주의
국제사회주의경향의 기원

지은이 토니 클리프
옮긴이 이수현
펴낸곳 도서출판 책갈피
등록 1992년 2월 14일(제18-29호)
주소 서울시 중구 필동2가 106-6 2층
전화 02)2265-6354
팩스 02)2265-6395
이메일 bookmarx@naver.com

첫 번째 찍은 날 2010년 9월 20일

값 7,000원
ISBN 978-89-7966-078-4 03300
잘못된 책은 바꿔 드립니다.

감사의 말

이 책을 쓰면서 많은 사람들의 도움을 받았다. 이언 버철, 롭 퍼거슨, 앨 리처드슨, '소셜리스트 플랫폼' 출판사 문서고는 1946~1947년의 트로츠키주의 운동 관련 자료를 찾는 데 도움을 주었다. 여러 가지 조언과 제안을 해 준 크리스 뱀버리, 알렉스 캘리니코스, 린지 저먼, 크리스 하먼, 존 리즈에게 감사한다. 초고를 정리하고 타이핑한 하니 로젠버그에게는 특별히 감사의 뜻을 전하고 싶다. 또, 전문가다운 비판적 평가를 해 주고 문체와 관련해 귀중한 제안을 많이 해 준 도니 글룩스타인과, 이 책이 출판되기까지 매우 효율적으로 작업을 해 준 롭 호브먼에게도 감사한다.

차례

감사의 말 · 5

1장 문제 인식 · 9

트로츠키의 예측 · 11/마르크스주의에서 트로츠키가 차지하는 지위 · 18/트로츠키주의자들은 제2차세계대전 후의 상황에 어떻게 대처했는가? · 21/트로츠키의 문구에 집착하지 않으면서도 트로츠키주의의 핵심을 보존하기 · 37

2장 국가자본주의 · 39

소련이 노동자 국가라는 정의와 마르크스주의 국가 이론 · 48/생산관계와 분리시켜 살펴본 소유 형태 — 형이상학적 추상 · 51/소련 관료 집단 — 분배 과정에서 등장하는 헌병? · 53/국가자본주의 체제가 돼 버린 스탈린주의 소련 · 55/왜 트로츠키는 소련이 노동자 국가라는 이론을 거부하지 못했나? · 59/스탈린 체제의 대단원을 향해 · 61/스탈린 체제 부검 · 68

3장 상시 군비 경제 · 77

1914년 — 전환점 · 85/군비, 호황, 불황 · 87/군비 예산의 효과 · 88

4장 빗나간 연속혁명 · 94

마오쩌둥의 권력 장악 · 95/카스트로의 혁명 · 98/트로츠키의 연속혁명론에 어떤 문제가 있었을까? · 102/빗나간 연속혁명 · 108

5장 유산 · 109

6장 결론 · 123

부록 1 폭풍우를 헤쳐 나간 조타수_**크리스 하먼** · 130

부록 2 토니 클리프를 회상하며_**이언 버철** · 138

후주 · 147
토니 클리프의 주요 저서 · 154
찾아보기 · 155

일러두기

1. 이 책은 Tony Cliff, *Trotskyism after Trotsky*(Bookmarks, London, 1999)를 번역한 것이다.
2. 인명과 지명 등의 외래어는 최대한 외래어 표기법에 맞춰 표기했다.
3. ≪ ≫ 부호는 책과 잡지를 나타내고, 〈 〉 부호는 신문과 주간지를 나타낸다. 논문은 " "로 나타냈다.
4. 본문에서 인용문의 출처는 모두 후주로 처리했다.
5. 본문에서 [ ]는 옮긴이가 우리말로 옮기면서 독자의 이해를 돕고 문맥을 매끄럽게 하려고 덧붙인 것이고, 지은이가 덧붙인 것은 [― 클리프라고 표기했다.
6. 본문의 각주는 독자가 이해하기 쉽도록 옮긴이가 설명을 첨가해 덧붙인 것이다.
7. 지은이는 소련(USSR), 즉 소비에트사회주의공화국연방이라는 명칭이 스탈린 치하 소련의 현실과 전혀 부합하지 않으므로 러시아라는 명칭을 일관되게 고수했으나, 본 역서에서는 독자들의 혼란을 방지하고자 그냥 소련으로 번역했다.

1장
문제 인식

≪공산당 선언≫에서 마르크스와 엥겔스는 공산주의자들이 노동계급의 역사적·국제적 경험을 일반화한다고 주장했다. 이런 경험은 항상 변화·발전하기 마련이고, 따라서 마르크스주의도 항상 변화·발전한다. 변화를 멈추는 순간 마르크스주의는 생명을 잃는다. 역사적 변화는 거의 알아챌 수 없을 만큼 느리게 일어날 때도 있지만, 급격하게 진행될 때도 있다. 따라서 마르크스주의 역사에는 급격한 전환점들이 있다.

예컨대, 1848년 혁명이라는 배경을 고려하지 않으면 ≪공산당 선언≫의 출현이라는 중대한 발전을 이해할 수 없다.

또 다른 전환점은 1871년 파리 코뮌이었다. 파리 코뮌에서 영감을 얻은 마르크스는 ≪프랑스 내전≫에서 다음과 같이 썼다. "노동계급은 낡은 국가기구를 인수해 사회주의를 건설할 수 없다."¹ 마르크스는 노동계급이 자본주의 국가기구를 분쇄하고 경찰이나 상비군이나 관료 기구가 없는 새로운 국가를 건설해야 한다고 주장했다. 그 새로운 국가에서는 모든 관리가 선출되고, 언제든지 소환될 수 있고, 그들을 선출한 노동자들과 똑같은 임금을 받아야 한다고 마르크스는 주장했다. ≪공산당 선언≫에는 이런 말이 나오지 않는다. 파리 코뮌을 경험한 뒤에야 마르크스는 노동자 국가의 핵심 특징들을 깨달은 것이다. 마르크스는 대영박물관에서 열심히 공부한 끝에 그런 결론에 도달한 게 아니었다. 마르크스는 74일 동안 권력을 장악하고 노동계급이 어떤 종류의 국가를 건설할 수 있는지 보여 준 파리 노동자들의 행동에서 그런 통찰을 얻은 것이다.

또, 트로츠키의 연속혁명론은 1905년 러시아 혁명의 부산물이었다. 연속혁명론은 저발전 후진국의 부르주아지는 역사의 현장에 뒤늦게 도착해서 너무 소심하고 보수적이므로 민족 독립과 농업 개혁 같은 부르주아 민주주의 과제들을 해결하지 못한다고 주장했다. 이런 과제들은 노동계급이 농민을 지도하면서 주도하는 혁명으로 달성될 수 있을 것이다. 이런 문제들을 해결하는 과정에서 노동자 혁명은 부르주아 소유 제도의 한계를 뛰어넘어 노동자 국가 수립으로 나아갈 것이다.

부르주아지가 반혁명적이라는 생각과 노동계급이 농민을 지도할 것이라는 생각은 트로츠키의 뛰어난 머리에서 자동으로 나온 것이 아니었다. 그런 통찰들은 1905년 혁명이라는 현실에서 발견한 것이다. 1905년 혁명은 부르주아지가 아니라 노동자들이 차르 체제를 전복하고 사회를 민주적으로 통제하기 위해 투쟁한다는 것을 실천을 통해 보여 주었다. 혁명의 중심지였던 페트로그라드에서는 노동자 평의회, 즉 소비에트라는 노동자 국가기구가 등장하기도 했다. 레닌과 룩셈부르크 같은 인물들이 마르크스주의를 심화하고 발전시킨 것도 역사적 경험 덕분이었다. 예컨대, 룩셈부르크가 지은 대중 파업에 대한 탁월한 저작도 1905년에 러시아와 폴란드에서 벌어진 투쟁의 부산물이었다.

스탈린이 볼셰비키 혁명의 전통을 사그리 없애려 했을 때 새로운 전환점이 찾아왔다. 볼셰비키 혁명의 전통을 방어하는 일은 이제 트로츠키의 몫이 됐다. 1940년에 살해당할 때까지 트로츠키는 이 과제를 탁월하게 해냈다. 그러나 트로츠키가 창립한 제4인터내셔널은 제2차세계대전이 끝날 무렵 새롭고 결정적인 문제, 즉 트로츠키의 예측과는 근본적으로 다른 상황에 어떻게 대처할 것인가 하는 문제에 부딪혔다. 이 문제가 특별히 어려웠던 이유는 제4인터내셔널이 그때까지 제4인터내셔널을 이끌어 왔던 지적 거인인 트로츠키를 잃어버렸기 때문이다.

트로츠키의 예측

죽기 전에 트로츠키는 이런저런 예측을 했다. 그 중에 네 가지 예측이 제2차세계대전 후의 사태 전개로 검증을 받게 된다.

(1) 트로츠키는 소련의 스탈린 체제가 제2차세계대전에서 살아남지 못할 것이라고 예측했다. 그래서 1935년 2월 1일에 쓴 "노동자 국가, 테르미도르, 보나파르트 체제"라는 글에서 트로츠키는 다음과 같이 주장했다. 스탈린 체제는 보나파르트 체제의 일종이므로 "오랫동안 존속할 수 없다. 피라미드의 꼭대기에 놓인 공은 반드시 어느 한쪽으로 굴러 떨어지게 마련이다." 따라서 "스탈린 체제는 반드시 붕괴"할 것이다.[2]

스탈린 체제가 붕괴하면 자본주의가 부활할 수 있다. "전쟁과 제4인터내셔널"(1934년 6월 10일)에서 트로츠키는 "전쟁이 질질 끌면서 전 세계 프롤레타리아의 수동성이 지속되면 소련 내부의 사회적 모순으로 말미암아 반혁명적인 부르주아 보나파르트 체제가 수립될 수 있을 뿐 아니라 수립될 수밖에 없을 것"이라고 썼다.[3]

1936년 7월 8일 트로츠키는 다음과 같은 대안적 시나리오를 제시했다.

> 소련은 서방이나 동방에서 일어나는 혁명의 지원을 받을 경우에만 제2차세계대전에서 패하지 않고 살아남을 수 있을 것이다. 그러나 소련을 구하는 유일한 길인 국제 혁명은 소련 관료

집단에게 치명타가 될 것이다.[4]

어떻게 전망했든지 간에 트로츠키가 스탈린 체제의 불안정성을 확신했다는 것만큼은 분명하다. 그래서 1939년 9월 25일 쓴 "소련과 전쟁"이라는 글에서 트로츠키는 소련 정권을 안정된 계급 체제로 보는 것은 "우스꽝스런 견해"라고 썼다.[5] 왜냐하면 소련 정권은 "겨우 몇 년, 심지어 몇 달 만에 수치스럽게 몰락할 것이 뻔했기" 때문이다.

그러나 제2차세계대전이 끝날 무렵의 실제 상황은 트로츠키의 예측과 사뭇 달랐다. 스탈린 체제는 붕괴하지 않았다. 오히려 1945년 이후 스탈린 체제는 동유럽으로 확장되면서 훨씬 더 강력해졌다.

(2) 트로츠키는 자본주의가 종말의 위기를 겪고 있다고 생각했다. 따라서 생산은 확장되지 않을 것이고, 마찬가지로 진지한 사회 개혁이나 대중의 생활수준 상승 같은 일도 일어나지 않을 것이라고 생각했다. 1938년 ≪자본주의의 죽음의 고통과 제4인터내셔널의 과제≫에서 트로츠키는 다음과 같이 썼다.

> [서방 세계는 – 클리프] …… 자본주의 쇠퇴기에 있다. 따라서 체계적 사회 개혁과 대중의 생활수준 상승 따위를 논한다는 것은

어불성설이다. …… 그리고 프롤레타리아의 모든 진지한 요구와 심지어 프티부르주아지의 모든 진지한 요구조차 자본주의 소유 관계와 부르주아 국가의 한계를 넘어설 수밖에 없다.[6]

그러나 전후 세계 자본주의는 일반적 정체와 쇠퇴를 겪지 않았다. 오히려 서방 자본주의는 크게 성장했으며, 이와 함께 개혁주의가 득세했다. 마이크 키드런이 지적했듯이, "자본주의 체제 전체는 제2차세계대전 이후 전례 없이 오랫동안 빠르게 성장했다. 1950~1964년의 성장 속도는 1913~1950년보다 갑절이나 빨랐고 그전 30년 동안의 성장 속도의 거의 절반이나 됐다."[7]

그래서 전후에 사회민주주의 정당들과 공산당들은 해체되기는커녕 오히려 규모도 커지고 그 어느 때보다 더 많은 지지를 받았다. 대중의 생활수준 상승에 힘입어 개혁주의가 득세했다.

예컨대, 영국의 애틀리 정부는 개혁주의의 절정을 보여 줬다. 1945년에 집권한 애틀리 정부는 최초의 노동당 다수파 정부였을 뿐 아니라 노동당 역사의 절정이기도 했다. 1945~1951년의 노동당 정부에 대한 신화가 어떤 것이든지 간에, 애틀리 정부가 역사상 가장 효과적인 개혁주의 노동당 정부였다는 것만큼은 분명하다.

애틀리 정부 시절 노동자 가족들은 전쟁 전보다 훨씬 더 나은 생활을 누렸다. 정부는 사회 복지 지출 수준을 높게 유지했다.

예컨대, 정부는 1949년 4월에 식량 보조금을 4억 6500만 파운드로 고정시켰지만, 그것은 여전히 엄청난 거액이었으며 노동 대중의 생계비를 많이 절감시켰다. 물론 완전고용과 상대적으로 완만한 인플레이션도 노동자들에게는 커다란 혜택이었다.

애틀리 정부가 계속 대중의 지지를 받을 수 있었던 한 가지 요인은 완전고용이었다. 노동당 집권 기간 내내 실업률은 매우 낮았다(실업률이 3퍼센트에 달한 1947년 겨울의 연료 파동 때를 제외하면 말이다). 1951년 6월 취업 노동자수는 6년 전보다 350만 명이 늘어났다.[8] 또 다른 요인은 국립의료서비스NHS로 대표되는 복지국가[사회보장제도]였다.

노동자들 사이에서 노동당의 인기는 여전히 높았다. 43차례의 재보궐 선거에서 노동당이 패한 것은 딱 한 번뿐이었다. 더욱이 1951년 10월 총선에서 노동당은 단일 정당으로는 사상 최다 득표를 했다. 1394만 8605표를 얻어 48.8퍼센트의 득표율을 기록한 것이다. 보수당이 의회 다수당이 된 것은 순전히 변덕스런 선거 제도 때문이었다. 국내에서는 긴축 정책과 배급제를 실시했고 해외에서는 이런저런 전쟁에 참가했는데도, 노동당은 계속 대중의 지지를 받았다.[9]

그리고 이런 사정은 영국에 국한된 것이 아니었다. 유럽 전역에서 생활수준이 향상됐다. 완전고용이나 완전고용 비슷한 상태가 지속됐다. 체계적인 개혁 조처들이 실시되고 대중적 개혁주

문제 인식 15

의 정당들이 득세했다. 독일, 프랑스, 스페인, 노르웨이, 스웨덴, 덴마크를 비롯한 여러 나라에서 사회민주주의 정당들이 오랫동안 집권했다.

(3) 연속혁명론을 바탕으로 트로츠키는 저발전 후진국에서 민족해방과 농업 개혁 같은 부르주아 민주주의 과제들은 노동계급 권력을 통해서만 달성될 수 있다고 주장했다.

이런 주장도 실제 상황과 맞지 않았다. 세계에서 인구가 가장 많은 나라인 중국에서는 마오쩌둥이 노동계급과 완전히 괴리된 스탈린주의 정당을 이끌고 중국을 통일하고 제국주의에 맞서 독립을 쟁취하고 토지 개혁을 실시했다. 쿠바와 베트남 등지에서도 비슷한 일이 일어났다.

(4) 마지막으로, 위의 세 예측이 모두 옳았다면, 스탈린주의나 개혁주의는 미래가 없었을 것이고, 제4인터내셔널이 급속히 성장할 수 있는 기회가 활짝 열렸을 것이다. 이런 예측들을 근거로 트로츠키는 제4인터내셔널의 미래가 무척 밝다고 확신했다.

1938년 10월 10일 트로츠키는 다음과 같이 썼다.

인류는 25년 전보다 더 가난해진 반면, 파괴 수단은 엄청나게 더 강력해졌다. 따라서 전쟁 초기부터 노동 대중은 국수주의 열기에 강력하게 반발할 것이다. 파시즘과 더불어 제2인터내셔널과 제3인터내셔널 소속 정당들이 이런 반발의 첫 번째 희생자가 될 것이다. 그들의 붕괴는 공공연한 혁명 운동이 전개되기 위한 필수 조건일 것이고, 그런 혁명 운동은 제4인터내셔널을 중심으로 구체화될 것이다. 제4인터내셔널의 단련된 간부들이 노동 대중을 이끌고 대공세에 나설 것이다.[10]

그 전에도 트로츠키는 다음과 같이 주장한 바 있다.

≪공산당 선언≫ 100주년[즉, 1948년 — 클리프]이 되면, 제4인터내셔널은 전 세계에서 결정적인 혁명 세력이 돼 있을 것이다.[11]

1938년 10월 18일 트로츠키는 "제4인터내셔널 창건"이라는 연설에서 다음과 같이 강조했다.

10년입니다. 10년만 있으면 됩니다. 이제 다음과 같은 예측으로 연설을 마치겠습니다. 앞으로 10년 동안 제4인터내셔널의 강령은 수많은 대중의 지침이 될 것이며 수많은 혁명 대중은 전 세계를 휩쓸 방법을 알게 될 것입니다.[12]

트로츠키가 똑같은 주장을 여러 차례 되풀이한 것을 보면, 제

문제 인식 17

4인터내셔널이 신속하게 승리할 것이라는 트로츠키의 말이 단순한 선전용 주장이 아니라 죽을 때까지 그의 일관된 지론이었음을 알 수 있다.

애석하게도 이 예측도 근거가 없는 것이었다. 소련, 서방 자본주의, 제3세계에 대한 그의 예측은 1945년 이후 실제 상황과 어긋났다. 제4인터내셔널은 운신의 여지가 거의 없었다. 트로츠키주의 조직들은 노동계급에 대한 영향력이 거의 없는 소수파 신세를 면치 못했다.

마르크스주의에서 트로츠키가 차지하는 지위

우리 같은 트로츠키주의자들이 트로츠키를 어떻게 봐야 하는지를 미리 말해 둬야겠다. 트로츠키는 트로츠키주의자들 사이에서 정치적 거인이었다. 그는 10월 혁명의 조직자, 적군의 지도자, 레닌과 함께 코민테른의 지도자였다.

그리고 1926년 영국 상황, 1925~1927년 중국 혁명, 나치가 성장하던 시기의 독일, 1936년 프랑스, 1931~1938년 스페인 상황을 다루면서 트로츠키는 복잡한 상황을 분석하고, 향후의 사태 전개를 예측하고, 필요한 전략을 제안하는 탁월한 능력을 보여 줬다.

트로츠키는 가끔 예언자처럼 말했다. 많은 점에서 트로츠키의 분석은 시간의 검증을 탁월하게 통과했다. 위대한 마르크스주의 사상가들 중에서 역사유물론 방법을 적용하고, 경제적·사회적·정치적 요인들을 종합하고, 그런 요인들과 수많은 대중의 심리 사이의 상호 관계를 간파하고, 주관적 요인의 중요성, 즉 위대한 사건에서 노동자 정당과 노동자들의 지도자들이 하는 구실의 중요성을 파악하는 능력 면에서 트로츠키를 능가한 마르크스주의자는 아무도 없었다.[13] 트로츠키의 《러시아 혁명사》는 마르크스주의 역사서 가운데 단연 으뜸이다. 《러시아 혁명사》는 분석과 예술적 기교의 측면에서 전례 없이 풍부하고 아름다운 기념비적 걸작이다.[14]

1928~1940년에 트로츠키가 쓴 글들 — 독일·프랑스·스페인의 상황을 다룬 기사·에세이·책 — 은 가장 탁월한 마르크스주의 저작들에 속한다. 그런 글들은 카를 마르크스의 가장 뛰어난 역사 저작인 《루이 보나파르트의 브뤼메르 18일》이나 《프랑스의 계급투쟁》과 같은 반열에 든다. 트로츠키는 상황을 분석하는 데 머무르지 않고 프롤레타리아가 취해야 할 분명한 행동 노선을 제시했다. 전략과 전술의 측면에서 트로츠키의 저작들은 매우 귀중한 혁명의 교과서이고, 레닌이 쓴 최상의 저작들과 비길 만하다.

트로츠키의 저작들 중에서 빛나는 보석 같은 한 가지 사례가 히틀러 권력 장악 전의 독일을 다룬 글들이다. 당시 독일은 전 세계에서 가장 중요한 노동계급 운동이 벌어진 나라였다. 심각한 불황과 사회적 위기가 닥치고 있었고, 이를 배경으로 나치 운동이 급속히 성장하고 있었다. 이런 상황에 직면한 트로츠키는 자신의 에너지와 지식을 모두 쏟아 부었다. 이 시기에 트로츠키는 수많은 얇은 책, 소책자, 글을 써서 독일 상황을 분석했다. 그런 글들은 트로츠키의 저작들 중에서 가장 탁월한 저작에 속한다. 사태 전개 과정을 꿰뚫는 그런 혜안은 어디서도 찾아보기 힘들다. 트로츠키는 나치가 집권하면 독일뿐 아니라 국제 노동계급에게도 재앙이 닥칠 것이라고 경고했다. 트로츠키는 나치를 저지하기 위한 행동, 즉 모든 노동운동 조직들의 공동전선을 호소했고, 이 호소는 시간이 갈수록 더욱 절박해졌다. 비극이게도, 그의 예언자적 경고와 절박한 호소는 주의를 끌지 못했다. 그의 목소리는 황야의 외침이 돼 버렸다. 독일 공산당KPD도 독일 사회민주당SPD도 트로츠키의 말에 귀 기울이지 않았다. 트로츠키의 분석과 행동 제안이 받아들여졌다면, 20세기의 역사는 완전히 달라졌을 것이다. 독일 상황에 대한 트로츠키의 분석은 트로츠키가 독일에서 상당히 멀리 떨어져 있었다는 사실에 비춰 볼 때 특히 인상적인 것이었다. 그럼에도 트로츠키는 여전히 그날그날의 상황 변화를 추적할 수 있었다. 1930~1933년에 트로츠키가 쓴 저작들을 읽어 보면, 너무나 구체적이어서 마치 트로츠키가 터키의 프린키포 섬이 아니라 독일에 살고 있었던 것 같은 착각을 하게 된다.[15]

1930년대의 끔찍하고 암울한 시절에 트로츠키는 우리에게 탁월한 안내자 구실을 하는 별과 같은 존재였다. 나치가 득세하고 10월 혁명과 볼셰비키당과 코민테른의 지도자들을 나치의 첩자로 매도한 모스크바 공개 재판이 벌어지는 상황에서, 우리가 이데올로기적·감정적으로 트로츠키에게 깊이 의존한 것은 어찌 보면 당연한 일이었다. 우리는 전체 상황에 대한 그의 천재적 분석과, 그가 발전시킨 탁월한 전략·전술을 깊이 신뢰했고, 우리가 그렇게 한 것은 옳았다.

트로츠키주의자들은 제2차세계대전 후의 상황에 어떻게 대처했는가?

전후 스탈린 체제에 대한 트로츠키의 전망이나 뒤늦게 발전하던 동방뿐 아니라 서방 자본주의의 경제·정치·사회 상황에 대한 트로츠키의 예측이 실현되지 않았다는 현실을 직시하는 것은 정말이지 몹시 고통스러운 일이었다. 트로츠키의 말을 글자 그대로 되풀이하면서 실제 상황을 직시하기를 회피하는 것은 트로츠키에게 아주 깊은 경의를 표하는 것이기도 했지만 그를 매우 모욕하는 것이기도 했다. 그런 태도는 트로츠키를 초역사적 인물로 취급하는 것이었고, 마르크스주의라는 과학적 사회주의의 제자들이 아니라 종교 분파에게나 어울리는 것이었다. 무거운 마음으로 우리는 아리스토텔레스의 말을 곱씹어봐야 한다. "플라

톤은 나에게 소중한 사람이지만 그보다 더 소중한 것은 진리다."

제4인터내셔널 지도부가 트로츠키의 주요 예측이 현실과 어긋났다는 사실을 직시하기를 거부했다는 것은 한편으로는 이해할 만하지만 분명히 잘못된 것이었다. 진실을 직시하는 것이야말로 트로츠키의 예측이 실현되지 않은 이유가 무엇인가 하는 질문에 대답할 수 있는 전제 조건이다. 질문이 정확하면 답의 90퍼센트를 얻은 것이나 마찬가지다. 아이작 뉴턴이 태어나기 오래 전부터 사과는 나무에서 떨어졌다. 뉴턴은 "왜?"하고 질문한 덕분에 중력의 법칙을 발견했다.

전 세계 트로츠키주의 운동의 위기를 극복하기 위해서는 트로츠키의 예측과 현실 사이의 엄청난 격차를 직시해야 했다. 그러나 트로츠키주의자들이 반드시 그랬던 것은 아니다.

트로츠키의 첫 번째 예측을 살펴보자. 앞에서 말했듯이, 트로츠키는 스탈린 체제가 제2차세계대전에서 살아남지 못할 것이라고 생각했다. 그러나 스탈린이 소련을 계속 지배하자 미국 트로츠키주의 운동의 지도자 제임스 P 캐넌은 전쟁이 아직 끝나지 않았다고 결론지었다.

트로츠키는 소련의 운명이 전쟁에서 결정될 것이라고 예측했다. 우리는 여전히 그렇게 확신한다. 우리는 전쟁이 끝났다고 경솔하게 생각하는 사람들과 견해가 다르다. 전쟁은 1단계를 통과했을 뿐이며 이제 2단계로 진입하기 위한 재편 과정을 겪고 있다. 전쟁은 끝나지 않았고, 우리가 유럽에서 전쟁이 끝나면 터져 나올 것이라고 말했던 혁명은 아직 일정에 오르지 않았다. 혁명은 지연되고 연기됐을 뿐이고, 그 주된 이유는 충분히 강력한 혁명 정당이 없기 때문이다.[16]

이것은 스콜라 철학의 극단적 사례였다. 중세 시대에 스콜라 철학자들은 겨울에 기름이 얼어붙는가 하는 문제 따위로 논쟁을 했다. 그들은 기름통을 눈 속에 파묻은 다음 어떻게 되는지 관찰하는 간단한 실험은 하지 않은 채 이 문제에 대한 아리스토텔레스의 대답을 찾아 헤매기만 했다.

제2차세계대전이 끝난 지 11개월 후에는 가장 시야가 좁은 트로츠키주의자가 보기에도 스탈린 체제가 전쟁에서 살아남았다는 것이 명백해졌다. 그러나 여전히 트로츠키주의자들은 스탈린 체제가 매우 불안정한 상태에 있다고 주장했다. 1946년 4월 ≪제4인터내셔널≫에는 다음과 같은 주장이 실렸다.

크렘린[소련 정부]이 국내외에서 지금보다 더 심각한 상황에 직면한 적은 없었다는 말은 결코 과장이 아니다.[17]

이런 주장을 뒷받침하는 근거로 다음과 같은 일화가 사용됐다.

칼리닌이 대중 집회에서 연설하고 있을 때 어떤 여자가 일어나서 따지기를, 대중은 맨발로 걸어 다니거나 나무껍질로 만든 신발을 신고 다니는데 당신은 왜 그렇게 번쩍거리는 장화를 신고 있냐고 힐난했다. 정말 대담한 행동이었다! 그것은 관료들의 특권에 대한 대중의 반감이 얼마나 커졌는지를 보여준다.[18]

그러나 내가 1946년 9월 파리에서 제4인터내셔널의 지도자 에르네스트 만델을 만나서 말했듯이, 이 얘기는 전후 소련의 불안정한 상황을 묘사한 것이 아니라 이미 오래 전에 일어나 널리 알려진 것이었다. 사실, 그 얘기는 25년도 더 전에 일어난 사건이었다.

그런데도 1946년 4월 제4인터내셔널 대회는 계속해서 다음과 같이 주장했다.

전례 없이 강력한 권력이 출현한 이면에는, 소련과 소련 관료들이 생사존망의 심각한 위기 국면에 들어섰다는 현실이 숨어 있다.[19]

스탈린 체제가 붕괴할 것이라는 트로츠키의 예측은 소련의 계급적 성격에 대한 그의 분석에서 필연적으로 도출되는 결론이었다. 그의 예측이 틀렸다면, 그의 원래 분석을 의심해 봐야 마땅하다. 그랬다면 스탈린 체제의 관료 집단에 대한 새로운 설명이 필요했을 것이다. 이 과제를 해결하는 한 가지 방법은 스탈린이 점령한 동유럽 나라들의 계급적 성격을 따져 보는 것이었다. 이 나라들은 머지않아 소련의 복제품 비슷하게 개조됐다.

제4인터내셔널은 소련이 노동자 국가, 즉 "변질된 노동자 국가", 관료들의 지배로 왜곡된 노동자 국가라는 트로츠키의 견해를 고스란히 받아들였다. 그러나 폴란드·체코슬로바키아·헝가리 등의 사회 성격이 소련과 똑같다면, 스탈린이 동유럽에 혁명을 가져온 셈이었다. 따라서 스탈린 체제의 관료들은 반혁명 세력이 아니라 혁명적 세력이라는 말이 된다. 처음에 제4인터내셔널 지도자들은 이 모순을 다음과 같이 아주 간단하게 해결했다. 동유럽 나라들과 소련이 비슷하긴 하지만, 동유럽 나라들은 여전히 자본주의 국가이고 소련은 노동자 국가다.

만델은 1946년 9월에 유고슬라비아를 포함해서 "모든 인민민주주의 나라들"은 자본주의 사회라고 말했다. 스탈린주의자들은 동유럽에 혁명이 아니라 반혁명을 가져왔다는 것이다. 만델은 유고슬라비아와 알바니아에 대해 다음과 같이 썼다. "이 두 나라에서 소련 관료들은 일관된 반혁명적 활동을 수행할 필요가 없었다. 토착 스탈린주의자들이 이런 반혁명 활동을 스스로 떠맡았기 때문이다." 그 두 나라에서 스탈린주의자들은 "새로운 부

르주아 국가기구"를 건설했다는 것이다.[20]

그 후 2년 동안 동유럽에 대한 제4인터내셔널의 견해는 바뀌지 않았다. 1948년 4월 제4인터내셔널 2차 세계대회 결의안은 '인민민주주의 나라들'(유고슬라비아 포함)의 계급적 성격에 대해 다음과 같이 주장했다. "이 나라들은 근본적으로 자본주의 구조를 유지하고 있다. …… 따라서 이 '완충' 지대 나라들의 국가는 부르주아적 기능과 구조를 유지하면서도 그와 동시에 극단적 형태의 보나파르트 체제를 구현하고 있다." 그 결의안은 계속해서 다음과 주장했다. "'인민민주주의 나라들'은 '극단적 형태의 보나파르트 체제', '경찰 독재' 등이 수립된 자본주의 사회다. 따라서 [이 나라들에서] 자본주의의 파괴는 오직 '대중의 혁명적 행동'으로만 가능하다. 왜냐하면 혁명은 관료적 국가기구를 폭력으로 파괴할 것을 요구하지만, 그런 일은 일어나지 않았기 때문이다. 따라서 우리는 결코 이 국가들을 방어해서는 안 되고 '엄격한 혁명적 패배주의' 노선을 고수해야 한다."[21]

그로부터 두 달 뒤 티토가 스탈린과 결별하자 제4인터내셔널은 태도를 180도 바꿔서, 유고슬라비아가 더는 경찰-보나파르트 독재 치하의 자본주의 국가가 아니라 진정한 노동자 국가라고 주장했다. 1948년 7월 1일 제4인터내셔널 국제 사무국은 "유고슬라비아 공산당에 보내는 공개서한"을 발표해서 다음과 같이 주장했다. "여러분이 사회주의 혁명의 길로 계속 나아가기만 한다면 여러분은 막강한 권력을 유지할 수 있을 것입니다." 그런 다음 결론 부분에서 다음과 같이 썼다. "크렘린 지배 기구에 맞서는 혁명적 노동자 정당의 저항은 반드시 승리할 것입니다. …… 유고슬라비아 사회주의 혁명 만세."[22] 이것은 첫째 견해만큼이나 천박한 분석이었고, 1948년 유고슬라비아 공산당 5차 당대회에서 티토가 자신과 동료들은 '트로츠키주의자-파시스트들'을 인민 법정에 세워 극형에 처하겠다고 으스댄 사실을 무시하는 것이었다. 1948년 7월 4일 〈보르바〉[유고슬라비아 공산당 기관지]는 다음과 같이 썼다.

> 전쟁 기간에 침략군의 부역자이자 첩자 노릇을 하면서 본색을 드러낸 한 줌의 트로츠키주의자들은 결국 인민 법정에서 치욕을 당했다.[23]

이렇게 손바닥 뒤집듯 노선을 바꾼 뒤에 제4인터내셔널 사무총장 미셸 파블로는 새로운 노선을 끝까지 밀고 나가 소련의 동유럽 블록도 모종의 노동자 국가라고 주장했다. 1949년 그는 "기형적 노동자 국가가 수백 년 동안 지속될 수 있다"고 주장했다.[24] 1954년 4월에 파블로는 다음과 같이 썼다. "제국주의의 위협과 세계 혁명 사이에서 옴짝달싹할 수 없게 된 소련 관료들은 세계 혁명 편에 섰다."[25] 더 나아가 소련 관료들은 관료주의에서

탈피해 "완전하고 실질적인 체제 자유화"를 실시하고 있고 앞으로도 계속 실시할 것이다.[26] 이제 파블로는 스탈린 체제의 옹호자가 돼 버렸다. '기형적인 노동자 국가가 수백 년 동안 지속'된다면 트로츠키주의나 노동자 혁명이 무슨 구실을 하겠는가? 이제 스탈린 체제는 진보적인 것처럼 보였고 트로츠키주의는 부적절한 것처럼 보였다.

파블로보다 한술 더 떠서 온갖 나라들을 노동자 국가로 포장한 사람은 아르헨티나의 트로츠키주의자이자 또 다른 제4인터내셔널의 지도자인 후안 포사다스였다. 포사다스는 동유럽 나라들, 쿠바, 중국, 북베트남, 북한, 외몽고 외에도 수많은 나라들이 노동자 국가라고 주장하면서 다음과 같이 선언했다.

인터내셔널은 노동자 국가로 발전하고 있는 시리아, 이집트, 이라크, 말리, 기니, 콩고 브라자빌 등의 아프리카[와 — 클리프] 아시아 나라들이 언제 노동자 국가로 전환하는지 파악하기 위해 그런 나라들의 발전 과정을 면밀하게 추적해야 한다.[27]

게다가 포사다스는 하도 비뚤어진 나머지 세계 핵전쟁을 열렬히 기대하기까지 했다. 그는 소련에게 핵무기로 미국을 공격하라고 요청했다. 1962년 포사다스가 이끄는 제4인터내셔널은 '특별 대회'에서 다음과 같이 선언했다.

핵전쟁은 피할 수 없다. 핵전쟁은 아마 인류의 절반을 파멸시킬 것이며, 인간의 부를 엄청나게 파괴할 것이다. 그럴 가능성은 농후하다. 핵전쟁은 전 세계를 지옥의 불바다로 만들 것이다. 그러나 핵전쟁은 공산주의를 가로막지 않을 것이다. 공산주의는 필요성의 실현이다. 물질적 재화의 생산 때문이 아니라 공산주의가 인간의 의식 속에 있기 때문이다. 인류가 지금 일하듯이[원문 그대로 – 클리프] 공산주의적 형태로 일하고 대응한다면, 어떤 원자폭탄도 인간 의식이 획득하고 학습한 것을 되돌릴 수 없다. ……

역사는 자본주의가 존속할 날이 얼마 남지 않았다는 것을 폭력적·간헐적 형태로 보여 준다. 시간이 별로 없다. 노동자 국가들이 식민지 혁명을 지원해야 하는 자신들의 역사적 의무를 다한다면 자본주의의 수명은 10년도 안 될 것이라는 사실을 우리는 양심을 걸고 분명하게 얘기할 수 있다. 이것은 대담한 선언이지만 완전히 논리적인 선언이다. 자본주의의 수명은 10년도 안 남았다. 노동자 국가들이 식민지 혁명을 전력을 다해 지원한다면 자본주의 수명은 5년도 안 될 것이며, 핵전쟁은 아주 단기간에 끝날 것이다.[28]

인류의 절반이 제거될 것이다! 그러나 그것은 중요하지 않다. 공산주의의 승리가 보장되기 때문이다!

우리는 지금 핵전쟁 전에 권력을 장악하기 위해 투쟁하는 단계에 대비하고 있다. 핵전쟁이 벌어지면 우리는 권력을 장악하기 위해 투쟁할 것이고 권력을 장악할 것이다. 핵전쟁 직후에 우리는 권력을 장악할 것이다. 핵전쟁은 시작은 없지만 끝은 있다. 핵전쟁은 전 세계에서 동시에 일어나는 혁명이기 때문이다. 그 혁명은 연쇄 반응이 아니라 동시 혁명이다. 동시에 일어난다는 말은 같은 날 같은 시간에 일어난다는 말이 아니다. 위대한 역사적 사건들은 시간이나 날짜로 측정되는 것이 아니라 시기로 측정해야 한다. …… 노동계급만이 생존할 것이며, 노동계급은 즉시 단결과 중앙집권화를 추구해야 할 것이다. ……

파괴가 시작되면 순식간에, 몇 시간 만에 모든 나라에서 대중이 나설 것이다. 핵전쟁이 일어나면 자본주의는 동굴에 숨어 모든 것을 최대한 파괴하려고 해야만 자신을 방어할 수 있다. 반면에, 대중은 밖으로 뛰쳐나올 것이고 뛰쳐나와야 할 것이다. 그것만이 적을 물리치고 살아남을 수 있는 길이기 때문이다. …… 자본주의 국가기구인 경찰과 군대는 저항할 수 없을 것이다. …… 노동자 권력을 즉시 조직해야 할 것이다.[29]

이러한 논리에 따르면, 수소폭탄이 런던에 투하될 경우, 공포와 무기력감으로 마비된, 폭격에서 살아남은 노동계급이 권력을 장악할 것이라는 말이 된다! 따라서 마르크스주의는 진부한 교조에서 신비한 부적으로 바뀌게 된다! 노동자들이 권력도 없고 발언권도 없는 노동자 국가들에서 핵폭탄으로 노동계급이 파멸되면 노동자 혁명이 일어난다는 것이다! 정말 대단한 이데올로기의 퇴보다! 19세기에 공상적 사회주의는 과학적 사회주의, 즉 마르크스주의로 대체됐지만 이제 마르크스주의가 '기적奇蹟' 사회주의로 대체되고 있었던 것이다!

만델·파블로·포사다스는 뿌리가 같았다. 즉, 트로츠키가 말한 문구에 집착하면서 트로츠키의 말에 담긴 정신을 제거하는 교조적 트로츠키주의 출신이었던 것이다.

세계 자본주의의 운명에 대한 트로츠키의 두 번째 예측을 살펴보자. 자본주의 역사상 가장 긴 호황이 전개되고 있을 때, 1946년 4월 제4인터내셔널 대회는 다음과 같이 선언했다.

> 자본주의가 안정되고 발전하는 새 시대가 열리고 있다고 확신할 근거는 어디에도 없다. …… 전쟁으로 자본주의 경제의 해체가 촉진됐고, 사회적·국제적 관계가 비교적 안정된 균형을 이룰 마지막 가능성조차 파괴됐다.[30]

게다가

> 자본주의 나라들의 경제 활동 회복은 전쟁으로 약해졌고, 특히

유럽 대륙 나라들의 경제 회복 속도가 더욱 느리기 때문에 유럽 경제는 정체와 쇠퇴를 면치 못할 것이다.[31]

"미국 경제는 머지않아 상대적 호황을 누리겠지만" 이 호황은 오래가지 않을 것이다. "따라서 미국은 새로운 경제 위기에 빠질 텐데, 이것은 1929~1933년의 위기보다 더 심각하고 광범한 위기가 될 것이고, 세계경제에 훨씬 더 파괴적인 영향을 미칠 것이다." 영국 자본주의는 "심각한 경제적 어려움과 격변과 부분적·일반적 위기를 오랫동안 겪게 될 것"이다. 전 세계 노동자들의 상황은 어떨까? "프롤레타리아의 생활 조건은 전쟁 전보다 훨씬 더 나빠질 것이다."[32]

이런 상황에서는 혁명의 파고가 높아질 수밖에 없다. 왜냐하면

프롤레타리아가 생활 조건의 개선, 즉 자본주의의 부활 가능성과 양립할 수 없는 개선을 요구하며 저항할 것이기 때문이다.

전쟁이 유럽에서 우리가 예상한 범위와 속도만큼 혁명적 격변을 즉시 불러일으킨 것은 아니지만, 전쟁이 전 세계에서 자본주의의 균형을 파괴하고 그래서 장기간의 혁명적 시기를 활짝 열어 놓았다는 사실은 부정할 수 없다.[33]

세계 자본주의의 정체와 대량 실업으로 전반적인 혁명적 상

황이 조성될 것이다.

지금 우리에게 닥친 것은 사상 초유의 전 세계적 위기이며, 전 세계적인 혁명의 분출이다. 이런 혁명의 분출은 분명히 전 세계 여러 지역에서 불균등한 속도로 발전하고 있지만, 혁명의 중심지들끼리 서로 끊임없이 영향을 주고받으면서 장기간의 혁명적 전망을 결정하고 있다.[34]

1946년에 제4인터내셔널은 혁명의 물결이 제1차세계대전 후에 일었던 것보다 훨씬 더 광범하고 높게 일 것이라고 예측했다.

제1차세계대전 후에 혁명적 투쟁의 곡선은 처음에 순식간에 갑자기 상승하다가 1919년 봄에 절정에 달한 다음 급격하게 꾸준히 하강하다가 다시 1923년에 아주 잠깐 높이 솟구쳤다.

이번에는 혁명 투쟁의 곡선이 완만하고 느리게 상승하다가 많은 동요나 부분적 후퇴를 겪었지만 전반적 추세는 상승하고 있다. 이런 사실의 중요성은 명백하다. 제1차세계대전 후에는 운동이 특히 독일에서 처음부터 패배하는 괴로움을 겪었지만, 지금의 운동은 오히려 프롤레타리아의 모든 힘이 전투에 투입된 적이 아직 없었다는 사실 때문에 어려움을 겪고 있다. 따라서 패배는 일시적이고 상대적이므로 향후 사태 전개를 위태롭

게 하지 않으며 투쟁이 한 단계 더 발전하면 상쇄될 수 있다.[35]

그렇지 않고 혁명의 물결이 프롤레타리아의 승리로 귀결되지 않는다면 부르주아 민주주의는 순식간에 새로운 파시스트 체제로 대체될 것이다.

대부르주아지는 자신의 억압 기구를 되찾고, 경제·사회 상황이 자기 체제의 존재를 위협하는 순간부터, 프롤레타리아 대중의 모든 행동에 대항하기 위해 네오파시스트 '지도자들'에게 점점 더 많은 돈을 제공할 것이다. 이때 대부르주아지가 직면할 어려움은 누구를 선택할까 하는 것뿐이다. 왜냐하면 유럽 여러 나라들의 정치 상황을 주의 깊게 살펴보면, 미래의 도리오[프랑스의 파시스트 지도자], 무솔리니, 드그렐[벨기에의 파시스트 지도자] 같은 자들이 이미 정치 무대에 많이 등장했다는 것을 알 수 있기 때문이다. 이러한 의미에서 파시즘의 위험은 이미 유럽 대륙 전체에 퍼져 있다.[36]

1947년에 만델은 어떤 글에서 다음과 같이 결론지었다.

쇠락하는 자본주의의 생산 순환은 다음과 같은 특징이 있다.
   (가) 경기회복과 번영의 기간보다 위기가 더 길어지고 더 격

렬해진다. 그리고 정체 기간이 훨씬 더 길어진다. 자본주의가 성장할 때는 호황이 오래 지속되고 그 중간 중간에 짧은 위기가 막간극처럼 나타났다. 쇠락하는 자본주의에서는 위기가 오래 지속되고 그 중간 중간에 갈수록 불안정해지고 짧아지는 경기회복이 나타난다.

(나) 세계시장은 더는 팽창하지 않는다. 전 세계적 호황은 더는 없다. 세계시장이 분할되거나 경쟁자가 폭력적으로 파괴돼야만 일부 자본주의 나라들에서 호황이 미친 듯이 발전할 수 있다.

(다) 한 나라 수준에서는 생산력의 총체적 발전이 더는 불가능하다. '번영'기에조차 [생산력의] 특정 부분은 다른 부분의 쇠락을 바탕으로 발전한다. 기술 발전은 생산에 더는 통합되지 않거나 오직 부분적으로만 통합된다.

(라) 경기회복 기간들 사이에 산업 노동자 대중의 생활수준이 총체적으로 상승하는 것은 더는 불가능하다. 그렇다고 해서 위기와 경기회복 사이에도 상대적 '개선'이 불가능하다거나 '경기회복' 기간에 산업 노동자로 바뀐 실업자나 농민 등의 지위가 상대적으로 개선되는 것도 불가능하다는 말은 아니다.[37]

정말 환상적인 세계다!
오늘날 만델, 파블로, 포사다스, 제4인터내셔널의 이런 주장을 처음 읽는 사람들은 이성적 인간들이 그런 환상을 가질 수 있었다는 데 틀림없이 충격을 받을 것이다. 현실을 직시하지 않으려 하는 사람만큼 맹목적인 사람도 없다. 트로츠키주의 운동의 지도자들은 현실을 직시하지 않으려고 무진 애를 썼다. 돌이켜보면, 정말 놀라지 않을 수 없다. 그러나 지도적 트로츠키주의자들이 현실을 애써 외면한 이유를 이해하려면, 그 현실이 그들의 원대한 포부를 산산조각 내면서 그들에게 얼마나 큰 고통을 줬는지 이해해야 한다. 트로츠키주의 운동은 마치 16~17세기에 낡은 세계는 해체돼 가는 반면 새로운 자본주의 세계는 아직 확립되지 않고 있던 때에 중세 시대의 낡은 사상에 매달린 기독교 종파들처럼 행동했다. 기독교 종파들이 마녀를 불태워 죽인 것은 비합리적 행동이었지만 그것은 얼마든지 합리적으로 설명할 수 있다.

만델·파블로·포사다스의 내면의 동기를 어떻게 이해하더라도, 그들의 주장은 정당화될 수 없다. 마르크스주의자에게 으뜸가는 원칙은, 현실을 변화시키고 싶다면 현실을 이해해야 한다는 것이다. 트로츠키주의 운동 대열의 혼란, 우왕좌왕, 사분오열 등은 노동계급이 처한 실제 상황을 정확히 파악하지 못한 데서 비롯한 불가피한 결과였다. 트로츠키주의자들은 완전히 쓸모가 없어진 낡은 지도를 보며 길을 찾아가려 했다. 그래서 세계 트로츠키주의 운동은 막다른 길로 들어섰다. 트로츠키주의 운동의 일반적 위기는 인류의 미래에 대한 전망을 근본적으로 재평가할 것을 요구했다.

트로츠키의 문구에 집착하지 않으면서도 트로츠키주의의 핵심을 보존하기

국제사회주의경향IST을 출범시킨 소수의 트로츠키주의자들은 마르크스주의로 현실을 대체하려 하지 않았다. 오히려 현실을 이해하는 데 도움이 되는 무기로 마르크스주의를 사용하려 했다. 1946~1948년에 우리는 매우 어려운 문제들과 씨름해야 했다. 우리는 전통을 지키고 있다는 것 — 우리가 마르크스, 레닌, 트로츠키의 추종자들이라는 사실 — 도 분명히 해야 했지만 새로운 상황에 직면했다는 것도 분명히 해야 했다. 그것은 전통의 지속인 동시에 새로운 시작이었다. 지적으로 강경하다는 것이 교조주의를 뜻하는 것은 아니다. 현실의 변화를 이해한다는 것이 모호함을 뜻하는 것도 아니다. 우리는 정설 트로츠키주의를 비판하면서 고전 마르크스주의로 돌아가고 있다고 생각했다.

2장부터 서술된 내용들은 사후 해석·설명을 바탕으로 그런 문제들을 다루지 않는다. 사후 해석·설명을 바탕으로 한 전망은 언제나 완벽하다. 우리는 제2차세계대전 직후의 사건들에 대응하는 과정에서 세 가지 이론 — 국가자본주의 이론, 상시 군비 경제 이론, 빗나간 연속혁명론 ― 이 어떻게 발전했는지 살펴볼 것이다. 이 세 이론이 다룬 세 지역 ― 소련과 동유럽, 선진 자본주의 나라들, 제3세계 ― 은 전 세계를 포괄한다.

여기서 각각의 문제는 처음에 따로따로 논의될 것이다. 결론 부분에 가서야 그들의 상호 연관을 파악할 수 있고, 따라서 발전 양상을 설명할 수 있을 것이다. 산꼭대기에 올라가서 산 아래를 굽어볼 때만 어떻게 여러 개의 등산로가 한 곳으로 모이는지 알 수 있다.

2장

국가자본주의

스탈린 체제가 살아남은 이유는 무엇이었는가? 동유럽 '인민민주주의 체제'의 성격은 무엇이었는가? 동유럽 국가들의 탄생은 스탈린 체제의 성격에 대해서 무엇을 보여 줬는가? 국가자본주의 이론은 이러한 문제들에 대답하려는 시도에서 발전됐다. 그런 질문들에 대한 대답이 소련의 스탈린 체제는 국가자본주의 체제라는 것이었다.

내가 소련을 국가자본주의로 규정한 최초의 문서는 1948년에 "소련 스탈린 체제의 계급적 성격"이라는 제목으로 쓴 142쪽이나 되는 긴 글이었다. 그러나 국가자본주의 이론의 기원을 이해하려면 제2차세계대전이 끝날 무렵 소련 군대가 침략한 '인민민주주의 국가'들을 살펴보는 것이 유용하다. 나폴레옹은 "외국에 나가 있는 군대[해외 원정군]는 이동하는 국가와 다를 바 없다" 하고 말했는데, 이 격언은 폴란드와 헝가리 같은 곳에 딱 맞는다.

왜냐하면 그런 나라들의 정부는 소련 국가의 확장에 불과했기 때문이다. 그래서 이런 나라들을 연구하다가 '모국' 체제[소련 체제]에 대한 통찰을 얻게 된 것이다.

'인민민주주의 체제'라는 프리즘을 통해서 소련 스탈린 체제의 모습을 정확히 볼 수 있었지만, '인민민주주의' 체제의 성격을 정식화한 글은 "소련 스탈린 체제의 계급적 성격"이 발표된 후에야 쓰였다. 1950년에 ≪인민민주주의 체제의 계급적 성격≫이 출판됐다. 이 글의 출발점은, 동유럽 국가들이 진정한 노동자 국가라면 그런 나라들에서 사회혁명이 일어났어야 하며, 역으로 사회혁명이 일어나지 않았다면 동유럽 국가들의 성격을 다시 평가해야 한다는 것이었다.

그런 논의는 마르크스와 레닌의 국가 이론을 중심으로 이뤄졌다. 마르크스는 노동계급의 정치적 지배가 노동계급의 경제적 지배를 위한 필수조건이라고 거듭거듭 강조했다. 생산수단을 소유하고 통제하는 국가가 노동자들의 수중에 있지 않다면, 즉 프롤레타리아가 정치권력을 장악하고 있지 않다면, 노동자들은 생산수단을 집단적으로 소유할 수 없다. 즉, 경제적 지배계급이 될 수 없다.

이런 점에서 프롤레타리아는 부르주아지와 근본적으로 다르다. 부르주아지는 부를 직접 소유한다. 따라서 정부 형태가 무엇이든 간에 부르주아지가 재산을 몰수당하지 않으면, 부르주아지는 계속 지배계급으로 남아 있을 수 있다. 자본가는 봉건 왕정에서도, 부르주아 공화정에서도, 파시스트 독재 체제에서도, 군사 정권 치하에서도, 로베스피에르나 히틀러나 처칠이나 애틀리의 지배 하에서도 자신의 재산을 소유할 수 있다. 반면에, 노동자들은 생산수단으로부터 분리돼 있기 때문에 임금 노예로 전락한다. 국가가 생산수단의 보관 창고이면서도 노동계급과 완전히 분리되는 상황이 벌어지면, 노동계급은 지배계급이 될 수 없다.[1]

위대한 마르크스주의 사상가들의 글은 이 점을 잘 보여 준다. ≪공산당 선언≫은 다음과 같이 선언한다.

> 노동계급이 일으키는 혁명의 첫 단계는 프롤레타리아를 지배계급의 지위로 끌어올려 민주주의를 위한 투쟁에서 승리하는 것이다.
>
> 프롤레타리아는 자신의 정치적 지배권을 이용해 점차 부르주아지의 자본을 모두 빼앗고, 모든 생산수단을 국가, 즉 지배계급으로 조직된 프롤레타리아의 수중에 집중시킬 것이다.[2]

프롤레타리아 혁명은 '민주주의 투쟁'의 승리다. 노동자 국가는 "지배계급으로 조직된 프롤레타리아"다. 적군赤軍의 탱크가 철저히 외부로부터 강요한 스탈린주의 '사회혁명'은 프롤레타리아 계급의식이 혁명에서 결정적 구실을 한다는 마르크스주의 개념과 결코 맞지 않는다.

마르크스는 프롤레타리아 혁명이 노동계급 자신의 의식적 행동이라고 수없이 되풀이해 강조했다. 따라서 '인민민주주의 체제'가 노동자 국가라는 주장을 받아들인다면, 사회주의 혁명을 '자기 의식적인 역사'라고 주장했던 마르크스와 엥겔스의 말은 거부돼야 한다.

이것은 다음과 같은 엥겔스의 주장에도 그대로 적용될 것이다.

오직 이때[사회주의 혁명 — 클리프]부터 인간은 완전히 의식적으로 자신의 역사를 만들어 갈 것이다. 오직 이때부터 인간이 추구하는 사회적 대의들의 인간이 원하는 효과를 두드러지게 그리고 점점 더 크게 낼 것이다. 그것은 인간이 필연의 왕국에서 자유의 왕국으로 도약하는 것이다.[3]

또한, ['인민민주주의 체제'가 노동자 국가라는 주장을 받아들인다면] 혁명에서 프롤레타리아의 의식이 차지하는 위치에 대한 마르크스주의의 가르침을 다음과 같이 요약한 로자 룩셈부르크의 주장도 분명히 틀렸다는 말이 된다.

소수의 이익을 위해 벌어진 과거의 모든 계급투쟁에서, 마르크스의 말을 빌리면, "모든 발전이 대다수 인민 대중의 이익을 거슬러서 이루어진" 과거의 모든 계급투쟁에서, 행동의 필수 조건들 가운데 한 가지는 인민 대중이 투쟁의 진정한 목표, 투쟁의 구체적 내용, 투쟁의 한계를 몰랐다는 것이다. 사실, 이러한 모순이야말로 대중은 온순한 추종자 구실을 하는 반면 '계몽된' 부르주아지는 '지도적 구실'을 할 수 있었던 역사적 토대였다. 그러나 이미 1845년 초에 마르크스가 썼듯이 "역사적 행위가 심화할수록, 그 행위에 참여하는 대중의 수도 늘어날 수밖에 없다." 프롤레타리아의 계급투쟁은 지금껏 일어난 모든 역사적 행위 가운데 '가장 심화한 행위'다. 그것은 전체 하층 민중을 포괄하며, 사회가 계급들로 분열한 이후 대중의 진정한 이익에 부합하는 최초의 운동이다. 그 때문에, 과거에 대중의 무지가 지배계급의 행동을 위한 조건이었던 것과 꼭 마찬가지로, 대중이 자신의 과제와 그러한 과제를 수행하는 방법에 눈을 뜨는 것이야말로 사회주의 행동에 반드시 필요한 역사적 조건이다.[4]

파블로와 만델은 이 문제를 회피하기 위해 프롤레타리아 혁명의 '비스마르크 식 발전 경로' 운운하며, 독일 자본주의가 비스마르크와 구시대의 지주 집단, 즉 융커들의 정치적 지배 하에서 성장한 방식과 프롤레타리아 혁명을 비교했다. 이 트로츠키주의자들은 프롤레타리아 사회혁명이 프롤레타리아 자신의 혁명적 행동 없이도 '자체의 추진력'을 가진 국가 관료들에 의해 수행될 수 있다는 것을 입증하려 했다. 이런 생각을 끝까지 밀고 나아가면 가장 충격적인 결론을 얻게 된다. 사실, 부르주아지가 권력을 장악한 방식은 아주 다양했다. 실제로 부르주아지가 봉건제에 맞선 혁명적 투쟁을 철저하게 수행한 순수한 사례는 단 하나뿐이었다. 1789년 이후의 프랑스가 그랬다. 영국에서 부르주아지는 봉건 지주들과 타협했다. 독일과 이탈리아, 폴란드와 러시아, 중국과 남미에서 부르주아지는 혁명 투쟁을 하지 않고 권력을 장악했다. 미국에서는 봉건 잔재가 거의 존재하지 않았기 때문에 부르주아지는 반봉건 혁명 투쟁을 피할 수 있었다.

'비스마르크 식' 경로는 부르주아지에게 예외가 아니라 거의 규칙이었다. 오히려 프랑스가 예외였다. 프롤레타리아 혁명이 반드시 노동계급 자신의 행동으로 달성되는 것이 아니라 국가 관료들에 의해 달성될 수 있다면, 러시아 혁명은 필연적으로 예외 경우가 될 것이고, '비스마르크 식' 경로가 규칙이 될 것이다. 따라서 독립적인 혁명적 지도(트로츠키주의자들에 의한)가 필요 없다는 결론에 이를 것이다.

더욱이, 부르주아지는 대중을 동원한 다음 속여서 권력을 장악했다. 프랑스에서는 상퀼로트를 속였고, 비스마르크는 병사들을 속였다. 프롤레타리아 혁명이 이런 식으로 일어날 수 있다면, 최소 저항 법칙에 따라 역사는 극소수가 압도 다수를 속이는 혁명의 길을 선택할 것이다.[5]

≪인민민주주의 체제의 계급적 성격≫은 제4인터내셔널 회원

들이 마르크스주의의 기본 개념들 — 노동계급 해방은 오직 노동계급 스스로 달성할 수 있고, 노동자들은 부르주아 국가기구를 인수해서 사용하는 것이 아니라 반드시 그것을 분쇄해야 하고, 프롤레타리아 민주주의(소비에트 등)를 바탕으로 새로운 국가를 건설해야 한다는 등 — 을 되풀이하면서 '인민민주주의 국가'를 여전히 노동자 국가라고 부르고 있다는 점을 지적하면서 끝을 맺고 있다.

그들이 이렇게 생각한 이유는 소련을 변질된 노동자 국가라고 봤기 때문이었다. 노동자들이 생산수단과 분리돼 있고 경제와 국가를 운영하는 데 전혀 참여할 수 없고 가장 야만적인 관료적·군국주의적 국가기구에 예속돼 있는데도 소련이 노동자 국가라면, 새로운 노동자 국가를 수립하는 노동자 혁명이 노동계급의 자주적이고 계급의식적인 행동이어야만 할 이유도 없고 기존 관료적·군국주의적 국가기구를 파괴해야만 할 이유도 없다. 그저 관료들이 부르주아지의 재산을 몰수하고 자본주의에서 노동자 국가로 이행하는 동안 노동자들은 '제 자리'를 지키는 것으로 충분할 것이다.

'인민민주주의 체제'를 모종의 노동자 국가로 여기는 것이 마르크스-레닌주의 혁명 이론을 뒤집는 것이라면, 노동자 국가 자체의 성격은 과연 무엇인가?[6]

이 문제를 분석하기 위한 출발점은 소련을 변질된 노동자 국가라고 보는 트로츠키의 이론을 비판적으로 검토하는 것이었다.

노동자들이 통제하지 않는 국가가 노동자 국가일 수 있을까?

트로츠키의 저술들을 읽어 보면 노동자 국가에 대한 서로 다르고 매우 모순된 두 가지 정의를 발견할 수 있다. 첫 번째 정의에 따르면, 노동자 국가를 구분하는 기준은 프롤레타리아가 제한적이나마 국가 권력을 직접 또는 간접으로 통제하는가 하는 것이다. 다시 말해서, 프롤레타리아 혁명을 하지 않고서도 개혁만으로 관료 집단을 제거할 수 있는가 하는 것이다. 1931년에 트로츠키는 다음과 같이 썼다.

> 현재의 소비에트 국가를 노동자 국가로 인정하는 것은 부르주아지가 무장봉기를 통해서만 권력을 장악할 수 있음을 뜻하는 것일 뿐 아니라 소련 프롤레타리아가 새로운 혁명을 일으키지 않고도 개혁만으로 관료들을 프롤레타리아에게 굴복시키거나 당을 부활시켜 독재 체제를 개선할 수 있다는 뜻이기도 하다.[7]

트로츠키는 1928년 말에 쓴 것으로 추정되는 편지에서 "소비에트 국가기구와 권력이 변질됐다는 것이 사실인가?" 하는 질문에 대답하면서 이 생각을 훨씬 더 분명하게 제시했다.

> 소비에트 국가기구가 당 기구보다 훨씬 더 많이 변질됐다는 것은 분명하다. 그럼에도 결정권은 당에 있다. 지금 이것이 뜻하

는 바는 당 기구가 모든 것을 좌우한다는 것이다. 따라서 문제는 노동계급의 지원을 받는 당의 프롤레타리아 중핵이 국가기구와 융합되고 있는 당 기구의 독재에 맞서 승리할 수 있는가 하는 것이다. 당의 프롤레타리아 중핵이 승리할 수 없다고 먼저 대답하는 사람은 누구나 새로운 토대 위에서 새로운 당을 건설해야 한다고 얘기하는 것일 뿐 아니라 제2의 새로운 프롤레타리아 혁명이 필요하다고 주장하는 셈이다.[8]

같은 편지의 뒷부분에서 트로츠키는 다음과 같이 썼다.

당이 시체가 됐다면, 새로운 토대 위에서 새로운 당을 건설해야 하고 이 사실을 노동계급에게 공개적으로 알려야 한다. 테르미도르 반동[프랑스 대혁명 때 혁명의 과정을 역전시킨 반동적 운동 − 클리프]이 완료됐다면, 그래서 프롤레타리아 독재가 청산됐다면, 2차 프롤레타리아 혁명의 깃발을 높이 올려야 한다. 우리가 지지하는 개혁의 길이 가망 없음이 입증된다면, 우리는 그렇게 행동할 것이다.[9]

트로츠키가 제시한 두 번째 정의는 근본적으로 다른 기준을 적용했다. 국가기구가 아무리 대중과 유리돼 있고 관료들을 제거하는 방법이 오직 혁명뿐이라 하더라도, 생산수단을 국가가 소유하고 있다면 그 국가는 여전히 노동자 국가이며 프롤레타리아는 여전히 지배계급이라고 트로츠키는 주장했다.

이로부터 세 가지 결론이 나올 수 있다.

(가) 노동자 국가에 대한 트로츠키의 두 번째 정의는 첫 번째 정의를 부정한다.

(나) 두 번째 정의가 옳다면, "노동계급 혁명의 첫 단계는 프롤레타리아를 지배계급의 지위로 끌어올리는 것"이라는 ≪공산당 선언≫의 주장은 틀린 말이 된다. 더욱이, 이 경우, 파리 코뮌과 볼셰비키 독재가 모두 노동자 국가가 아니게 된다. 왜냐하면 파리 코뮌은 생산수단을 전혀 국유화하지 않았고 볼셰비키 독재는 한동안 생산수단을 국유화하지 않았기 때문이다.

(다) 국가가 생산수단의 보관 창고인데 노동자들이 그것을 통제하지 못한다면, 노동자들은 생산수단을 소유하지 못하는 것이 된다. 즉, 노동자들은 지배계급이 아닌 것이다. 첫 번째 정의는 이 점을 인정하지만, 두 번째 정의는 이 점을 부인하지 않으면서도 회피한다.

소련이 노동자 국가라는 정의와 마르크스주의 국가 이론

소련이 변질된 노동자 국가라는 생각은 필연적으로 마르크스주의 국가 개념과 정면충돌하는 결론으로 이어졌다. 트로츠키가 말한 정치혁명과 사회적 반혁명의 구실을 분석하면 이 점이 입증될 것이다.

부르주아 정치혁명 기간에, 예컨대 1830년과 1848년의 프랑스 혁명 때, 정부 형태는 어느 정도 바뀌었지만 국가 형태는 변하지 않았다. 즉, 민중과 유리돼 있고 자본가 계급에게 봉사하는 "감옥 등 무장 집단의 특수한 기구"였다.

그러나 노동자 국가는 다른 어떤 국가보다 내용과 형식이 밀접하다. 따라서 노동자 국가에서 정치혁명이 일어날 수 있다고 가정하더라도, 똑같은 노동자 국가기구가 프롤레타리아 정치혁명 전후에 그대로 존속할 것이라는 점만큼은 분명하다. 소련이 정말로 노동자 국가였고 노동자 당이 정치혁명을 통해 대규모 '숙청'을 단행했다면, 노동자당은 기존 국가기구를 활용할 수 있었을 것이고 활용하려 했을 것이다. 반면에 과거의 부르주아지가 부활하기 위해서는 기존 국가기구를 사용하지 못하고 어쩔 수 없이 기존 국가기구를 분쇄하고 그 폐허 위에 새로운 국가기구를 건설할 수밖에 없었을 것이다.

소련에서 이런 조건들이 마련되고 있었는가? 질문이 정확하면 해답을 반쯤 얻은 것이나 다름없다. [소련에서] 부르주아지가 권력을 장악했다면, 부르주아지는 분명히 KGB[보안경찰]와 정규군 등을 이용할 수 있었을 것이다. 혁명 정당이 KGB나 관료 기구나 상비군을 이용할 수 없었을 것이라는 점은 분명하다. 혁명 정당은 기존 국가를 분쇄하고 그것을 소비에트, 인민 민병대 등으로 교체해야 했을 것이다.

트로츠키는 혁명 정당이 노동조합과 소비에트에서 민주주의를 부활시키기 시작할 것이라고 말하면서, 마르크스주의 국가론의 교훈을 부분적으로 거부했다.[10] 그러나 사실상 소련에는 민주주의가 부활될 수 있는 노동조합이나 소비에트가 없었다. 노동자 국가를 재건할 수 있는 방법은 스탈린 체제의 국가기구를 개혁하는 것이 아니라 그 국가기구를 분쇄하고 새로운 국가기구를 건설하는 것뿐이었다.

프롤레타리아가 권력을 장악하려면 기존 국가기구를 분쇄해야 했고 부르주아지는 기존 국가기구를 이용할 수 있었다면, 소련은 노동자 국가가 아니었다는 말이 된다. 프롤레타리아와 부르주아지가 모두 '국가기구를 숙청'해야 했다(국가기구의 질적인 변화를 위해서도 그 정도의 심층적 변화가 반드시 필요했을 것이다)고 하더라도, 마찬가지로 소련은 노동자 국가가 아니었다는 결론을 내릴 수밖에 없다.

프롤레타리아와 부르주아지가 똑같은 국가기구를 자신들의 지배 수단으로 이용할 수 있다는 생각은 마르크스, 엥겔스, 레닌, 그리고 트로츠키 자신이 제시한 국가론의 혁명적 내용을 부인하는 것이나 마찬가지였다.

생산관계와 분리시켜 살펴본 소유 형태 — 형이상학적 추상

소련이 노동자 국가(변질됐지만)임을 입증하는 증거라고 트로츠키가 강조했던 소련의 특징 하나는, 대규모 사적 소유가 없고 국가 소유가 압도적이라는 점이었다. 그러나 마르크스주의의 기본 원칙은 사적 소유를 생산관계와 분리시켜 살펴보면 초超역사적 추상으로 귀결된다는 것이다.

인류 역사는 노예제, 봉건제, 자본주의 체제가 서로 근본적으로 다르지만 사적 소유 체제라는 공통점이 있음을 보여 준다. 마르크스는 사적 소유를 생산관계와 분리시켜 정의하려 한 프루동의 시도를 다음과 같이 비꼬았다.

> 각 역사 시기에, 소유는 완전히 다른 사회관계에서 서로 다르게 발전했다. 따라서 부르주아적 소유를 정의하는 것은 부르주아적 생산의 모든 사회관계를 규명하는 것과 마찬가지다. 소유를 마치 하나의 독립적 관계, 즉 독립적 범주로 — 추상적인 영원한 이념으로 — 정의하는 것은 형이상학적 환상이거나 법률적 환상일 뿐이다.[11]

하나의 체제로서 자본주의는 생산관계의 총체이다. 자본주의 생산과정에서 사람들이 맺는 관계를 보여 주는 모든 범주들 — 가치, 가격, 임금 등 — 은 그런 총체의 일부다. 역사적 맥락에서 자본주의적 사적 소유의 특성을 규정하고 자본주의적 사적 소유를 다른 종류의 사적 소유와 구분지은 것은 자본주의 체제의 운동 법칙이었다. 생산관계에서 소유 형태를 추상시킨 프루동은 "이런 경제적 관계들 전체[자본주의 생산관계 — 클리프]를 '소유'라는 일반적인 법률 개념으로 휩쓸어 넣었다." 따라서 "프루동은 브리소가 1789년 이전에 쓴 비슷한 글에서 했던 말, 즉 '소유는 도둑질'이라는 대답을 뛰어넘을 수 없었다."[12]

마르크스는 한 가지 형태의 사적 소유와 다른 형태의 사적 소유가 역사적 성격이 서로 다를 수 있으며, 서로 다른 형태의 사적 소유가 서로 다른 계급의 기반이 될 수 있다는 것을 아주 명쾌하게 해명했다. 이것이 국가 소유에도 적용될 수 있는지는 그리 분명치 않다. 왜냐하면 역사적으로 계급투쟁은 주로 사적 소유를 바탕으로 벌어졌기 때문이다. 사적 소유를 바탕으로 하지 않은 계급 분화의 사례는 그리 많지 않으며 대체로 잘 알려져 있지도 않다. 그럼에도 그런 종류의 계급 분화가 존재했던 것은 사실이다.

예컨대, 유럽 역사의 중세 가톨릭교회를 살펴보자. 가톨릭교회는 광대한 면적의 토지를 소유했으며, 수많은 농민들이 교회의 토지를 경작했다. 교회와 농민의 관계는 봉건 영주와 농민의 관계와 똑같은 봉건 관계였다. 따라서 교회는 봉건적이었다. 그와 동시에, 주교나 추기경 등은 개인적으로 봉건적 소유권을 갖지 않았다. 교회 소유가 사적 소유가 아니었는데도 생산관계 때문에 교회 소유의 계급 성격을 봉건적이라고 규정할 수 있는 것이다.

소련 관료 집단 — 분배 과정에서 등장하는 헌병?

소련을 변질된 노동자 국가로 규정한 트로츠키 이론의 또 다른 특징은, 스탈린 정권이 새로운 지배계급이 아니라는 것이었다. 오히려 스탈린 정권은 노동조합 지도자들 같은 관료 구실을 했다고 트로츠키는 보았다. 소련에서 생필품이 부족해서 생필품을 사려는 사람들이 길게 줄을 서야 했는데 관료들은 이 줄을 통제하는 헌병 구실을 한다고 트로츠키는 생각했다.

과연 그랬는가? 관료의 구실이 분배 과정에 국한됐는가? 아니면 분배 과정을 포함하는 생산 과정 전체를 관장했는가? 이 문제는 이론적으로 대단히 중요하다.

이 문제에 답하기 전에 마르크스가 생산관계와 분배 관계 사이의 연관을 어떻게 생각했는지 살펴보자. 마르크스는 다음과 같이 썼다.

> 한 개인이 볼 때, 분배는 당연히 생산 영역에서 그의 위치를 결정하는 사회적 법칙이다. 그는 이 위치에서 생산하고, 따라서

이 지위는 생산에 선행한다. 처음에 그는 자본도 없고 토지 재산도 없다. 태어날 때부터 그는 사회적 분배에 의해 임금노동을 하게 돼 있다. 그러나 임금노동을 하게 돼 있다는 이 조건 자체는 자본과 토지 재산이 독립적 생산 요인으로 존재한 결과다.

사회 전체의 관점에서 보면, 분배는 다른 방식으로 생산에 선행하고 생산을 결정하는 것처럼 보인다. 말하자면 경제 이전의 사실처럼 보인다. 정복자들은 자기들끼리 토지를 분배한다. 그래서 토지 재산의 특정한 분배와 형태를 확립하고 생산의 성격을 결정한다. 또는 피정복자들을 노예로 만들어 노예 노동을 생산의 기초로 삼는다. 또는, 어떤 국민은 혁명을 통해 대토지를 소규모 토지들로 분할하고 이 새로운 분배를 통해 생산에 새로운 성격을 부여한다. 또는, 법률로 대가족의 토지 소유를 영속시키거나, 노동을 세습적 특권으로 배분하고 그래서 신분제로 고정시킨다. 이 모든 경우에, 모두 역사적인 경우이기는 하지만, 생산이 분배를 조직하고 결정하는 것이 아니라 분배가 생산을 조직하고 결정하는 것처럼 보인다.

가장 천박한 분배 개념은 분배를 생산물의 분배로만 이해하고 따라서 생산과 거리가 멀고 생산으로부터 반쯤 독립적인 것으로 이해한다. 그러나 분배는 생산물의 분배를 뜻하기 전에, 먼저 생산수단의 분배를 뜻한다. 둘째, 같은 사실을 달리 표현한 것이지만, 분배는 사회 성원들을 여러 종류의 생산으로 분배

하는 것(개인들을 특정 생산 조건에 종속시키는 것)이다. 생산
물의 분배는 이런 분배의 결과이고, 이런 분배는 생산 과정과
연결돼 있고 생산 조직을 결정한다.[13]

마르크스가 자신의 저작들에서 거듭거듭 되풀이한 핵심 사상
을 표현한 이 인용문은 스탈린 체제 관료 집단의 경제적 지위를
분석하는 출발점이다.

관료가 소비 수단의 분배만을 관리했는가 아니면 사람들을
생산 과정에 분배하는 것도 관리했는가? 관료가 분배의 통제만
을 독점했는가 아니면 생산수단의 통제도 독점했는가? 관료가
소비 수단만을 분배했는가 아니면 축적과 소비 사이에, 생산수
단의 생산과 소비 수단의 생산 사이에 사회의 총 노동 시간도
분배했는가? 소련의 지배적 생산관계는 그 생산관계의 일부인
분배 관계도 결정하지 않았는가? 역사적 기록을 살펴보면 이 질
문들에 대답할 수 있다.

국가자본주의 체제가 돼 버린 스탈린주의 소련

마르크스의 자본주의 분석에는 착취자와 피착취자의 관계, 착취
자들 사이의 관계에 대한 이론이 포함돼 있다. 자본주의 생산양
식의 두 가지 주된 특징은 노동자가 생산수단과 분리돼 있고 노

동력이 상품이 돼 있어서 노동자는 먹고 살기 위해 노동력을 팔아야만 한다는 것, 그리고 개별 자본가들은 서로 경쟁하며 싸우기 때문에 어쩔 수 없이 잉여가치를 재투자해야 한다는 것, 즉 자본축적이다. 이 두 가지 특징은 제1차 5개년 계획 기간(1928~1932)에 소련의 특징이기도 했다. 이 기간에 이뤄진 농업 집산화는 영국의 농민 토지 몰수 ─ 마르크스가 《자본론》에서 '자본의 시초 축적'이라는 장에서 분석한 인클로저 ─ 와 매우 비슷했다. 두 경우 모두 직접 생산자는 토지를 빼앗기고 자신의 노동력을 팔아야 하는 신세로 전락했다.

그러나 소련 경제가 자본축적 압력을 받았는가? 이 점에 대해 나는 다음과 같이 썼다.

스탈린주의 국가와 소련 사회의 총 노동시간의 관계는 공장 소유주와 종업원들의 노동 사이의 관계와 같다. 다시 말해 노동의 분배가 계획된 것이다. 그러나 소련 사회의 총 노동시간을 실제로 분배하는 것은 무엇인가? 소련이 다른 나라들과 실제로 경쟁할 필요가 없었다면, 이러한 분할은 절대로 자의적인 것이다. 그러나 사실 스탈린의 결정은 자신이 통제할 수 없는 요인들, 즉 세계 경제와 전 세계적 경쟁을 바탕으로 하고 있다. 이런 관점에서 보면 소련 국가는 다른 기업들과 경쟁하는 자본주의 기업 소유주들과 비슷한 처지에 있는 셈이다.

착취율, 즉 잉여가치와 임금의 비율(s/v)은 스탈린주의 정부의 독단적 의지에 달린 것이 아니라 세계 자본주의에 좌우된다. 이 점은 기술 발전 또는 사실상 똑같은 의미의 마르크스주의 용어를 빌리면, 불변자본과 가변자본의 관계, 즉 기계·건물·원료 등과 임금의 관계(c/v)도 마찬가지다. 따라서 소련 사회의 총 노동시간이 생산수단 생산과 소비수단 생산으로 나뉘는 것도 마찬가지다. 따라서 세계경제의 관점에서 소련을 보면 자본주의의 기본 특징을 식별할 수 있다. 즉, "무계획적인 사회적 분업과 독재가 판치는 공장 분업은 서로 맞물려 있는 상호 조건이다."[14]

1차 5개년 계획 기간에 소련의 생산양식은 자본주의 생산양식으로 바뀌었다. 이제 처음으로 관료 집단은 프롤레타리아를 창출하고 자본을 급속하게 축적하려 했다. 다시 말해서, 부르주아지의 역사적 임무를 최대한 빨리 완수하려 했다. 생산 수준이 낮고 1인당 국민소득이 낮은 상황에서 급속하게 자본을 축적하려다 보니 대중의 소비와 생활수준은 심각하게 압박을 받았다. 그런 상황에서, 자본의 인격화로 변모한 관료 집단은 자본축적을 가장 중요하게 여겨서 노동자 통제의 잔재들을 모두 없애야 했다. 관료는 노동 과정에서 설득 대신에 강압을 사용해야 했고, 노동계급을 원자화해야 했고, 모든 사회·정치 생활을 전체주의의 틀 안에 가둬야 했다.

자본을 축적하고 노동자들을 억압하는 과정에서 관료 집단이 분배 관계에서 이득을 얻기 위해 생산관계에서 차지하는 사회적 우위를 서슴없이 이용했다는 것은 명백했다. 따라서 [국제적으로] 포위된 후진국에서 공업화와 농업 기술 혁명('집산화')으로 말미암아 관료 집단은 프롤레타리아의 직간접 압력과 통제를 받는 계층에서 지배계급으로 변모했다.

모순과 이변으로 가득 찬 변증법적 역사 발전 때문에, 관료 집단이 '일국사회주의'를 서둘러서 건설하려는 주관적 의도로 추진한 첫 번째 조처가 국가자본주의 건설의 토대가 됐다.[15]

1~2차 5개년 계획 기간에 소비는 완전히 축적에 종속됐다. 그래서 총생산물에서 소비재가 차지하는 비중은 1927~1928년 67.2퍼센트에서 1940년에 39.0퍼센트로 줄었다. 같은 기간에 생산재 비중은 32.8퍼센트에서 61.0퍼센트로 늘었다. 이것은 관료주의적으로 일그러지고 있었음에도 소비가 축적에 종속되지 않고 생산과 소비와 축적이 어느 정도 균형 있게 성장하던 1921~1928년과는 사뭇 다른 상황이었다.

소련을 관료적 국가자본주의 체제라고 보는 이러한 분석은 자본주의 세계체제를 기본적 준거틀로 삼고 트로츠키의 연속혁명론을 따른 것이었다. 그러한 분석이 ≪배반당한 혁명≫과 그 밖의 저작에서 트로츠키가 제시한 스탈린 체제 분석에서 한 발

더 나아간 것이라면, 그것은 세계 자본주의가 소련의 지배적인 생산양식과 생산관계에 가한 압력을 고려했기 때문이다. 트로츠키의 설명은 체제의 동역학을 보여 주지 못했다. 즉, 생산관계를 다루지 않은 채 소유 형식에만 머물렀다. 또한 트로츠키의 설명은 체제의 정치경제학도 제시하지 못했다. 관료적 국가자본주의 이론은 두 가지를 모두 보여 주려 했다.

그러나 분명히 해 두자. 연속혁명론을 주창하고 '일국사회주의'론에 반대하고 스탈린주의 관료 집단에 맞서 영웅적으로 투쟁한 레온 트로츠키라는 거인의 어깨 위에 올라서지 않으면 스탈린 체제를 종합적으로 이해할 수 없다는 것이다.

트로츠키가 죽고 나서 몇 년 뒤에 스탈린 체제를 살펴볼 기회가 생겨서 관료적 국가자본주의 이론을 발전시킬 수 있었던 것이다. 동유럽이 스탈린의 위성국들로 전락하는 것을 보고야 비로소 나는 소련을 변질된 노동자 국가로 보는 트로츠키의 이론이 과연 적절한지를 의심하게 됐다.

왜 트로츠키는 소련이 노동자 국가라는 이론을 거부하지 못했나?

사람은 흔히 과거의 틀로 미래를 본다. 오랫동안 착취에 저항하는 투쟁은 사유재산 소유자, 즉 부르주아지에 맞서는 투쟁의 형태를 취했다. 따라서 레닌과 트로츠키와 그 밖의 볼셰비키 지도자들이, 소련의 노동자 국가는 고립되면 멸망할 수밖에 없을 것이라고 말했을 때, 그들이 말한 멸망의 형태는 분명했다. 즉, 사적 소유의 부활을 예상했던 것이다. 국가 소유는 노동 대중이 투쟁해 얻은 성과로 여겨졌다. 여기서 한 걸음만 더 나아가면, 소련에 국가 소유가 존재하는 것은 관료 집단이 노동계급을 두려워하기 때문이고 그래서 관료 집단은 자본주의와 사적 소유와 상속권을 부활시키는 반혁명을 마음대로 추진할 수 없는 것이라는 트로츠키의 결론에 이르게 된다.

주로 과거의 경험 때문에 트로츠키는 반동의 승리가 꼭 출발점으로 회귀하는 것을 뜻하지는 않는다는 사실을 제대로 파악할 수 없었다. 자본주의는 나선형으로, 즉 혁명 전 사회의 요소들과 혁명 이후의 요소들이 결합되는 후퇴의 결과로 부활할 수도 있다. 그래서 옛 자본주의 계급 사회의 요소들이 새로운 '사회주의' 옷을 걸친 채 다시 나타나고, 그래서 결합 발전의 법칙 — 트로츠키 자신이 이 법칙을 발전시키는 데 크게 기여했다 — 을 또 한 번 확인시켜 줄 수 있었다.

요컨대, 트로츠키는 스탈린 체제 분석에 가장 크게 기여한 마르크스주의자이지만, 그의 분석은 한 가지 심각한 결함, 즉 형식주의에 보수적으로 집착하는 결함이 있었다. 이것은 형식을 내용에 종속시키는 마르크스주의와 근본적으로 모순된다.

스탈린 체제의 대단원을 향해

스탈린 체제가 본질적으로 자본주의보다 우월하고 더 진보적이라는 생각은 소련의 생산력이 매우 역동적으로 발전한 반면 "거의 모든 자본주의 세계의 [생산력은] 정체하고 쇠퇴"했다는[16] 트로츠키의 주장에서 단적으로 드러난다. 물론 마르크스주의자가 보기에 특정 체제가 다른 체제보다 상대적으로 진보적이라는 것은 생산력을 더욱 발전시킬 수 있는 능력으로 표현된다.

소련이 자본주의가 달성할 수 있는 수준을 훨씬 뛰어넘어 생산력을 급속하게 발전시킬 수 있음을 보여 줬다는 트로츠키의 주장을 그대로 받아들여 에르네스트 만델은 1956년에 다음과 같이 썼다.

> 소련은 수십 년 동안 계속 5개년 계획을 거듭하면서 거의 균등한 경제성장 리듬을 유지하고 있고, 과거의 발전이 미래의 가능성을 짓누르지 않고 있다. …… 경제성장 속도를 떨어뜨리는 자본주의 경제 발전 법칙이 모두 제거됐기 때문이다.[17]

같은 해에 아이작 도이처는 10년 뒤 소련의 생활수준이 서유럽보다 높아질 것이라고 예측했다!

소련 체제를 국가자본주의로 보는 분석은 이와 정반대로 주장했다. 즉, 관료 집단이 생산력 발전을 가로막는 구실을 했고 점점 더 그럴 것이라고 지적했다. 1948년에 쓴 "소련 스탈린 체제의 계급적 성격"은 관료의 구실이 노동생산성을 증가시켜 소련을 공업화하는 것이지만 그 과정에서 다음과 같은 심각한 모순이 나타날 것이라고 지적했다.

> 관료 집단의 역사적 과제는 노동생산성을 높이는 것이다. 그 과정에서 관료 집단은 심각한 모순에 빠져 든다. 노동생산성을 특정 수준 이상으로 높이려면 대중의 생활수준을 높여야 한다. 왜냐하면 영양 상태가 나쁘고 주거 환경이 열악하고 제대로 교육받지 못한 노동자는 현대식 생산 활동을 할 수 없기 때문이다.[18]

관료 집단은 강압으로 노동생산성을 일정 수준까지 끌어올릴 수 있겠지만, 이것은 무한정 계속될 수 없다. 생활수준을 끌어올리지 못해서 이미 생산성 증가율이 떨어지고 있고 "생산이 변덕스럽게 발전"하고 있는지도 모를 일이었다.[19]

1964년에 ≪소련 : 마르크스주의적 분석≫이라는 제목으로 소련 국가자본주의를 다룬 책을 새로 펴내면서 100쪽을 추가했다. 그 책에서는 스탈린이 물려 준 소련 경제가 위기의 요인들 때문에 갈수록 마비되고 있고 생산 발전을 짓누르는 무거운 짐이 되고 있다고 지적했다.

새로운 실패나 어려움에 부딪힐 때마다 스탈린은 압력과 공포 정치를 강화했다. 그러나 이렇게 경직된 대응 방법은 점점 더 비인간적이고 비효율적인 것이 돼 갔다. 채찍을 내려칠 때마다 대중은 비록 말은 안 하더라도 점점 더 완강하게 저항했다. …… 경직된 스탈린 체제의 억압은 모든 현대식 산업 발전을 가로막는 장애물이 됐다.[20]

그 책은 스탈린 체제가 경제의 모든 부문을 어떻게 짓눌렀는지 자세히 살펴봤다. 그 책에서는 농업 위기를 다음과 같이 설명했다.

스탈린이 농촌에 남긴 유산은 25년 넘게 지속된 정체의 늪에서 허우적대는 농업이었다. 1949~1953년의 곡물 생산량은 1910~1914년보다 겨우 12.8퍼센트 증가한 반면 같은 기간에 인구는 약 30퍼센트 증가했다. 소련 농업의 노동생산성은 미국의 5분의 1 수준도 채 안 됐다.

농업의 정체는 여러 가지 이유로 소련 정권을 위협하는 요인이 됐다. 첫째, 농촌의 은폐된 실업이 대체로 사라진 뒤에는 농업의 노동생산성을 높이지 않고는 과거와 같은 수준으로 농촌 노동력을 공업 부문으로 빨아들일 수 없었다. 둘째, 공업의 성장을 지원하려고 농업에서 자본을 일정 수준 이상으로 조달하는 것도 불가능해졌다. 스탈린이 추진한 '자본의 시초 축적' 방법은 경제 전체의 성장을 촉진하는 요인에서 성장을 둔화시키는 요인으로 바뀌었다.[21]

공업의 경우는 어떨까? 공업은 약 35년간 대폭 성장했지만, 성장률은 하락하고 있었다. 1930년대에는 서유럽보다 더 빨리 증가한 생산성은 이제 소련의 주요 경쟁국인 미국보다 상당히 더 낮은 수준에 머물러 있었다.

1957년 말 소련의 공업 노동자 수는 미국보다 12퍼센트 더 많았다. …… 그러나 심지어 소련의 통계를 보더라도, 1956년 소련의 연간 공업 생산은 미국의 절반 수준이었다.[22]

농업의 위기 때문에, 공업의 낮은 생산성을 더는 공업 노동자 수의 대폭 증가로 벌충할 수 없었다. 그래서 소련 관료 집단은 소련 경제 내에서 낭비가 확산되고 생산물의 품질이 갈수록 떨어지는 것에 더 많은 주의를 기울여야 했다.

그 책에서는 낭비의 원천을 몇 가지 지적했다. 예를 들어, 다른 곳에서 더 싸게 생산할 수 있는 생산재를 굳이 기업 내부에서 생산하는 칸막이 현상,[23] 관리자와 노동자가 보급품을 사재기한 것,[24] 관리자들이 기술 혁신에 반발하는 경향,[25] 질이 떨어지더라도 양을 늘리고 보는 풍조,[26] 유지 보수를 등한시하는 태도,[27] '산더미 같은 서류 작업과 난맥상'의 확산,[28] 서로 다른 공장의 효율성을 비교 평가하기 위해 관리자들이 요구한 효율적이고 합리적인 가격 메커니즘을 확립하지 못한 것[29] 등을 지적했다. 그 책은 다음과 같이 결론지었다.

> '계획 경제'라는 말이 모든 구성 요소가 단일 리듬으로 조정·조절되고, 마찰이 최소화되고, 무엇보다 예측을 바탕으로 경제적 결정을 내리는 경제를 뜻한다면, 소련 경제는 결코 계획 경제가 아니다. 진정한 계획이 아니라 정부의 엄격한 명령 조처들이 바로 그 정부의 결정과 행동으로 말미암아 경제에서 나타난 격차를 메우기 위해 사용된다. 따라서 소련을 계획 경제라고 말하기보다는 관료적 명령 경제라고 말하는 것이 훨씬 더 정확할 것이다.[30]

물론 소련 경제의 비효율성을 묘사한 사람들은 많았다. 그러나 내가 제시한 설명의 특징은 낭비와 비효율을 국가자본주의 체제의 성격에서 비롯한 것으로 본다는 것이었다. 소련 경제의 무계획성과 낭비를 낳는 근본 요인은 고립된 경제의 자본주의적 축적 — 투입은 적고 산출 목표는 높은 — 이라고 주장한 것이다.

이러한 요인들은 가위의 양날처럼 관리자들을 압박해서 거짓 보고를 하게 하고, 생산 능력을 숨기게 하고, 필요한 장비와 보급품의 수량을 부풀리게 하고, 원료를 사재기해 계획을 무난히 달성하는 데 급급하게 하고, 대체로 보수적으로 행동하게 만들었다. 이것은 낭비를 낳았고, 그래서 보급품이 더 부족해지면 상부에서는 관리자들을 더 많이 압박하고 그러면 관리자들은 다시 거짓 보고를 하는 악순환이 계속됐다.

투입은 적은데 산출 목표는 높게 정해지자 부문주의가 더욱 심해져서 경제 전체는 어찌 되든 자기 부문만 잘 되면 그만이라는 태도가 만연해 악순환이 되풀이됐다. 바로 이런 문제 때문에 관리자들은 우선순위를 정하게 됐다. 그러나 이러한 우선순위 시스템과 '캠페인' 방식은 양적 측정 기준이 분명치 않았고 그래서 낭비와 왜곡을 낳았다. 이러한 상황을 해결하려고 다양한 통제 시스템이 도입됐지만, 그러한 통제 시스템 자체가 낭비적인 데다가 체계적으로 조율되지 않아서 오히려 낭비가 심해졌다. 그래서 더 많은 통제, 더 많은 서류 더미가 필요해졌고 관료의 숫자가 지나치게 많아졌다. 악순환이 되풀이된 것이다. 너무 야심 찬 계획 목표와 부족한 공급 사이의 모순에서 비롯한 이 악순환은 부실한 가격 메커니즘에도 변형된 형태로나마 영향을 끼쳤다. 이 부실한 가격 메커니즘이 이번에는 부문주의를 더 심화시키고 더 많은 우선순위 캠페인과 더 많은 통제를 낳았다.

이 모든 문제들의 배후에는 자본주의의 강력한 압박, 즉 세계 패권 경쟁과 그 경쟁에서 살아남기 위한 엄청난 군비 지출이 있었다.

낮은 생산성의 원인은 위에서 관리를 잘못한 탓도 있지만 아래에서 노동자들이 저항했기 때문이기도 하다. 어디까지가 상층의 관리 잘못과 실수 때문이고 어디까지가 노동자의 저항 때문인지를 정확히 따지는 것은 불가능했다. 두 가지 측면은 당연히 분리될 수 없는 것이었다. 일반으로 자본주의는, 그리고 자본주의의 특정 형태인 관료적 국가자본주의는 인간의 필요 충족보다는 비용 절감과 효율성 향상을 추구했다. 노동자를 자신의 욕구에 따라 자기 삶을 만들어가는 주체가 아니라 소외된 존재로 만들어 '사물', 즉 조작 대상으로 변모시켰기 때문에 자본주의의 합리성은 근본적으로 비합리적인 것이었다. 그 때문에 노동자들이 생산을 사보타주했던 것이다.[31]

소련 노동자들을 다룬 장은 다음과 같이 결론지었다.

현재 소련 지도자들의 주된 고민은 노동자들의 생산성을 어떻게 향상시킬까 하는 것이다. 노동자들이 자신의 노동을 대하는 태도가 지금처럼 사회에 중요한 적은 결코 없었다. 노동자를 관료들이 조종하는 생산 기계의 톱니바퀴로 만들려 함으로써, 관료들은 자신들에게 가장 절실한 것, 즉 생산성과 창의력을 말살

한다. 합리화되고 강조된 착취는 노동생산성 향상을 심각하게 가로막는다.

노동계급의 숙련도와 통합도가 높아질수록, 노동계급은 소외와 착취에 저항할 뿐 아니라 점점 더 착취자와 억압자들을 경멸한다. 노동자들은 기술 행정관인 관료를 존중하지 않는다. 대중의 경멸을 받으면서도 오랫동안 존속할 수 있는 지배계급은 없다.[32]

관료적 국가자본주의는 점점 더 일반적 위기로 깊숙이 빠져들고 있었다. 마르크스가 설명했듯이, 사회체제가 생산력 발전의 질곡이 되면 혁명의 시대가 시작된다.

스탈린 체제 부검

죽은 사람을 부검하면 그가 살아 있는 동안 어떤 중병을 앓았는지 알 수 있다. 따라서 사회체제가 몰락한 이유를 알면 그 사회체제의 진실을 알아낼 수 있다. 스탈린 군대가 수립한 동유럽 정권들이 1989년 가을과 겨울에 붕괴하기 시작하고 그 후 소련 자체의 '공산주의'가 붕괴하자, 스탈린 체제의 성격을 정확히 판단할 수 있게 됐다.

스탈린 체제를 사회주의 체제나 심지어 '변질된 노동자 국가'

— 즉, 자본주의에서 사회주의로 이행하는 단계 — 로 보는 견해는 스탈린 체제가 자본주의보다 더 진보적이라고 생각했다. 마르크스주의자가 보기에, 이것은 무엇보다 스탈린 체제가 자본주의보다 더 효율적으로 생산력을 발전시킬 수 있다는 뜻이었다. 이 점은 트로츠키의 다음과 같은 말만 떠올려 봐도 알 수 있다.

> 사회주의의 승리가 입증된 것은 《자본론》에서가 아니라 지표면의 6분의 1에 해당하는 공업 지역에서였다. 그리고 변증법의 언어가 아니라 강철과 시멘트와 전기의 언어로 입증했다.[33]

사실 동유럽과 소련의 상황을 설명한 것이 바로 공업 발전의 언어였다. 그러나 진실은 스탈린 체제가 승리하지 못했다는 것이고, 오히려 1970년대 말과 1980년대 초에 경제 성장이 느려지더니 정체하기 시작했고 이 나라들과 서방 선진국들 사이의 격차가 점점 더 벌어졌다.

소련의 연간 GNP 성장률은 다음과 같았다. 1차 5개년 계획 기간에 19.2퍼센트(과장된 수치이기는 하지만), 1950~1959년에 5.8퍼센트, 1970~1978년에 3.7퍼센트, 1980~82년에 1.5퍼센트로 떨어졌고, 붕괴하기 직전의 3~4년 동안에는 마이너스였다.[34]

동유럽과 소련의 노동생산성이 서방 세계보다 더 역동적으로 증가했다면, 동유럽과 소련의 지배자들이 결국 시장에 매료된 이유를 이해할 수 없을 것이다. 또한, 독일 통일을 계기로 동독의 공업은 서독의 공업보다 크게 성장해야 했을 것이다. 그러나 동독 경제는 통일 이후 붕괴했다. 1989년 동독의 취업 노동자수는 1000만 명이었으나 현재는 600만 명에 불과하다. 동독의 노동생산성은 서독의 29퍼센트에 불과하다.[35] 따라서 동독의 생산성 수준은 동유럽 전체에서는 가장 높았지만 경쟁 상대인 서독과 그 밖의 선진국들보다는 여전히 낮았다.

소련이 아무리 퇴보했을지라도 어쨌든 노동자 국가였다면, 자본주의가 소련을 공격할 경우 노동자들이 자신들의 국가를 방어하고 나섰을 것이라는 점은 분명하다. 트로츠키는 소련이 자본주의의 공격을 받을 경우 소련 노동자들은 자신들을 지배하는 관료 집단이 아무리 부패하고 타락했어도 소련을 지원할 것임은 자명하다고 항상 생각했다. 트로츠키는 소련 관료 집단과 노동조합 관료 집단을 곧잘 비교했다. 노동조합은 전투적 노동조합, 개혁주의적 노동조합, 혁명적 노동조합, 반동적 노동조합, 기독교적 노동조합 등 다양하지만, 모두 노동자의 이익을 방어하는 조직이다. 트로츠키는, 노동조합을 지배하는 관료들이 아무리 반동적이라고 해도 노동자들은 언제나 "그러한 관료들의 진보적 조처를 지지하고 …… 부르주아지에 맞서 그들을 방어"할 것이라고 주장했다.

1989년 동유럽이 몰락했을 때, 동유럽 노동자들은 '자신들의'

국가를 방어하지 않았다. 스탈린 체제의 국가가 노동자 국가였다면, 루마니아와 동독 등지에서 오로지 보안경찰만이 그 국가를 방어한 유일한 세력이었던 이유가 무엇인지, 또는 소련 노동 계급이 노골적으로 시장을 옹호하는 옐친을 지지한 이유가 무엇인지 이해할 수 없을 것이다.

동유럽과 소련이 탈자본주의 체제였고 1989년에 자본주의가 부활했다면, 어떻게 그렇게 놀라울 만큼 쉽게 자본주의가 부활할 수 있었을까? 동유럽과 소련에서 일어난 사건들은 한 사회체제가 다른 사회체제로 이행할 때는 반드시 내전이 일어난다는 트로츠키의 주장과 맞지 않는다. 트로츠키는 다음과 같이 썼다.

> 권력이 한 계급의 손에서 다른 계급의 손으로 넘어가는 파국의 성격에 관한 마르크스주의 테제는 역사가 미친 듯이 휩쓸고 나아가는 혁명의 시기뿐 아니라 사회가 역주행하는 반혁명의 시기에도 적용된다. 소련 정부가 프롤레타리아 정부에서 부르주아 정부로 서서히 변해 왔다고 주장하는 사람은, 말하자면 개혁주의의 필름을 거꾸로 돌리고 있을 뿐이다.[36]

1989년의 동유럽 혁명들은 대규모 사회적 충돌과 폭력이 없었다는 점이 두드러졌다. 루마니아를 제외하고는 무장 충돌이 없었다. 사실 동독·체코슬로바키아·헝가리에서 벌어진 폭력

충돌은 영국에서 대처 집권기에 경찰과 파업 광부들의 폭력 충돌보다 더 적었다.

한 사회체제가 다른 사회체제로 이행할 때는 반드시 국가기구가 교체된다. 그러나 1989년에 국가기구는 거의 그대로 있었다. 소련에서는 군대와 KGB와 국가 관료 기구가 아직도 그대로 있다. 폴란드에서는 군부가 변화를 촉진하는 데 한몫했다. 1981년 쿠데타 주모자였던 야루젤스키 장군과 내무장관 겸 계엄사령관이었던 키슈차크 장군은 연대노조와의 원탁 협상이나 마조비에츠키의 연립정부 구성에서 결정적 구실을 했다.

반혁명이 일어났다면, 자본주의가 부활했다면, 지배계급이 완전히 교체돼야 했을 것이다. 그러나 옛날이나 지금이나 똑같은 인물들이 계속 사회 상층부에 있다. '사회주의' 체제에서 경제와 사회와 국가를 운영했던 특권 관료들이 지금도 '시장' 체제에서 똑같은 일을 하고 있다. "계급과 위기 : 동유럽의 체제 전환"이라는 아주 좋은 글에서 마이크 헤인스는 다음과 같이 썼다.

> 그렇게 하는 과정에서 [국가는 — 클리프] 국가 권력의 제도적 기반을 '국가 주머니'에서 '개인 주머니'로 일부 이전시키는 데 성공했다. 그 과정에서 지배계급 내에서 일부 상향 이동이 있었고 가끔 새로운 인물이 지배계급 대열에 진입하기도 했다. 지배계급 내에서 각 부문 간 세력 관계도 변했다. 그러나 사회주

의 생산양식이 …… 자본주의 사회로 …… 교체되는 중대 사건이 일어났다고 주장하는 사람들의 말과 달리 지배계급의 성격이 근본적으로 변했다는 증거는 전혀 없다. 놀라운 것은 실제로는 변화가 거의 일어나지 않았다는 점이다. 장군을 해임하고 대령을 장군으로 승진시키는 것이 사회혁명이 아니듯이, 국영기업을 그 경영자들에게 매각하거나 그놈이 그놈인 자들이 통제해 다시 국유화하는 것도 사회혁명이 아니다. 오히려 이런 사실에서 알 수 있는 것은, 생산양식 내에서 변화가 일어났다는 것, 이 경우에는 자본주의 형태가 강력한 국가자본주의에서 국가와 시장이 더 혼합된 형태로 변했을 뿐이라는 것이다.[37]

크리스 하먼은 이러한 상황 전개를 '옆 걸음질'이라고, 즉 자본주의가 관료적 국가자본주의에서 시장 자본주의로 형태만 바뀐 것이라고 적절하게 묘사했다.

마지막으로, 소련과 동유럽 나라들이 탈자본주의 사회·경제 체제였다면, 자본주의 시장경제가 어떻게 접목될 수 있었겠는가? 레몬을 오렌지 나무에 접붙이거나 오렌지를 레몬에 접목할 수는 있다. 왜냐하면 레몬과 오렌지는 같은 감귤과에 속하기 때문이다. 그러나 감자를 오렌지 나무에 접붙일 수는 없다. 마이크 헤인스는 시장 자본주의와 스탈린주의 경제의 접목이 성공한 것을 두고 다음과 같이 설명했다.

그것은 바로 두 체제 모두 똑같은 구조적 특징, 즉 앞서 살펴본 것 같은 개별적 기회주의가 가능했다는 특징을 보여 주기 때문이다. 우리는 단순히 계급사회들을 보고 있는 것이 아니라 공통의 생산양식에 뿌리박은 계급사회들에서 본질보다는 형태가 변하고 있는 것을 보고 있다. 이 점을 이해하지 못하면, 상층부가 전복됐는데도 어떻게 똑같은 사람들, 똑같은 가문, 똑같은 사회집단이 1980년대에 그랬듯이 1990년대에도 여전히 자신들의 행운을 자축하며 술잔을 부딪치는지를 이해할 수 없을 것이다. 그들이 사교 모임에서 수다를 떨 때 가끔은 몇몇 친구들이 옆에 없는 것을 떠올리며 아쉬워할 수 있다는 것은 사실이다. 그러나 더 큰 그림, 즉 체제 전환에도 불구하고 그들이 여전히 상층부에 있다는 점은 결코 잊지 않을 것이다. 그들 밑에서는 여전히 옛날과 똑같은 노동계급이 그들의 부와 특권을 떠받치면서 그들이 무능한 대가를 치르느라 고생하고 있다.[38]

구질서의 진정한 희생자였던 사람들이 이제 신질서의 진정한 희생자들이기도 하다.[39]

국가자본주의 체제가 동유럽으로 확산되는 것을 보면서 변질된 노동자 국가 이론에 의문을 품게 됐다면, 스탈린 체제의 몰락을 보면서 그 의문의 답을 분명히 알게 됐다. 두 경우 모두에서 관료적 국가자본주의 이론은 설득력 있는 대안임을 보여 줬다.

후진국 노동자 국가에 대한 국제 자본주의의 압력 때문에 러시아 혁명이 퇴보하고 스탈린 체제가 발흥한 것을 분석한 트로츠키의 저작은 선구적 노력이었다. 트로츠키는 스탈린의 '일국사회주의' 이론에 반대하는 데서 결정적 구실을 했다. 트로츠키가 스탈린 체제를 철저하게 마르크스주의적·역사유물론적으로 분석한 것을 바탕으로 관료적 국가자본주의 이론을 발전시킬 수 있었다. 트로츠키의 정신을 옹호하면서도 그가 말한 자구 일부는 버려야 한다.

내가 트로츠키의 견해를 비판한 취지는 고전 마르크스주의로 돌아가자는 것이었다. 역사 발전, 특히 트로츠키 사후의 역사 발전은 '변질된 노동자 국가'라는 견해가 사회주의를 노동계급의 자기 해방으로 여기는 고전 마르크스주의와 양립할 수 없음을 보여 줬다. 스탈린 체제를 분석한 트로츠키 저작의 정신을 보존하려면, 트로츠키가 썼던 글들의 자구를 부정해야 한다. 소련과 동유럽의 가짜 사회주의가 몰락했으므로 레닌과 트로츠키의 진정한 혁명 사상, 10월 혁명의 참된 유산을 재발견할 수 있는 기회가 열리고 있다. 이른바 '공산주의의 몰락'에도 불구하고, ≪소련 국가자본주의≫의 다음과 같은 결론은 그 책을 썼을 때나 지금이나 여전히 옳다.

마지막 장은 자주적으로 동원되고 사회주의 목표와 그러한 목표 달성 방법을 알고 있고 혁명적 마르크스주의자 당의 지도를 받는 대중만이 쓸 수 있다.

스탈린 체제를 국가자본주의로 규정하는 것은 자본주의 세계 체제를 준거 틀로 삼고 트로츠키의 연속혁명론을 따른 것이었다.

세계경제의 관점에서 소련을 보면 자본주의의 기본 특징을 식별할 수 있다. 즉, "무계획적인 사회적 분업과 독재가 판치는 공장 분업은 서로 맞물려 있는 상호 조건이다."[40]

국가자본주의 이론은 스탈린 체제를 전 세계적 관점, 즉 군비경쟁에 지배되는 국제적 국가 체제라는 관점에서 봄으로써, 소련 노동계급이 자본주의 축적 동학에 종속됐음을 설명할 수 있었다.

3장

상시 군비 경제

제2차세계대전 종전 이후 서방의 시장 자본주의는 호황을 구가했다. 이것은 트로츠키의 예측과 정반대였음에도 만델과 그 밖의 다른 사람들은 여전히 앵무새처럼 트로츠키의 말을 되뇌고 있었다. 이러한 모순을 해결하려는 노력 끝에 상시 군비 경제 이론이 만들어졌다.

상시 군비 경제 이론이 어떻게 생겨났는지 이해하려면 잠시 내 경험담을 얘기하는 것도 좋을 듯싶다. 팔레스타인에서 내가 30명 정도의 소규모 트로츠키주의 단체를 독자적으로 조직한 경험은 제2차세계대전 말에 전 세계 트로츠키주의 운동이 직면했던 주요 난제들과 씨름하는 데 큰 도움이 됐다. 당시 나는 한스 크리스티안 안데르센의 동화 '벌거벗은 임금님'에 나오는 꼬마 같았다. 나치 체제와 스탈린 체제에서 고립되고 고통받은 뒤 트로츠키주의자들은 모종의 기적을 바라는 심리 상태가 됐다. 현실을 직시하는 것은 너무나 고통스러웠다. 내가 1946년에 약 400명 규모의 조직이었던 영국 트로츠키주의 단체에서 계속 정치 경험을 쌓았더라면, 십중팔구 순응하라는 압력에 시달렸을 것이다. 마르크스, 엥겔스, 레닌, 트로츠키, 룩셈부르크의 저작을 읽은 것만으로는 내가 교조주의에서 벗어나기에 충분하지 않았다. 만델과 파블로도 나 못지않게 마르크스주의 저작을 많이 읽은 사람들이었다. 돌이켜 보면 영국에서 팔레스타인 출신 외톨이로 지낸 것이 오히려 정치적 장점이었다.

1946년 영국에 도착해 식민지 출신의 시각으로 영국 상황을 바라본 나는 다음과 같은 사실에 충격을 받았다.

노동자들의 생활수준은 높았다. 내가 어떤 노동자의 집 — 평범한 집이었다 — 을 처음 방문했을 때, 그에게 직업이 뭐냐고 물었더니 엔지니어라고 대답했다. 당시 영어가 서툴렀던 나는 그가 대학을 나온 고급 기술자라고 생각했다. 그러나 그는 반숙련 금속 노동자였다. 그것은 완전히 충격이었다. 아이들의 생활은 1930년대보다 더 풍족했다. 내가 유럽에서 신발을 신지 않은 아이들을 본 곳은 더블린밖에 없었다. 아이들은 더는 구루병을 앓지 않았다. 이런 상황을 보면서 나는 최종 위기가 임박하지 않았음을 깨달을 수 있었다.[1]

일부 트로츠키주의자들은 장기 호황과 트로츠키의 예측 사이의 모순을 그리 어렵지 않게 해결했다. 제리 힐리는 자본주의 파국이 임박했다는 환상 속에서 살았다. 만델은 언제나 상황을 따라잡지 못했고 자본주의 운동 메커니즘에 대한 모호한 공식들을 사용했다. 그는 명쾌한 설명 대신 혼란만 자아냈다.[2] 이 문제에 대해 내가 처음으로 만델을 비판하며 쓴 논쟁적 글이 1947년에 발표됐다. 그것은 전후 경기회복을 부정하려는 만델의 견해를 비판한 글이었지만, 아직은 마르크스 경제학의 기계적 개념을 부정하는 데서 더 나아가지는 못했다.[3]

일반적 문제를 효과적으로 이해하려면, 트로츠키의 예측이 실제 상황과 어긋난 데서 비롯한 문제들과만 씨름해서는 안 됐다. 케인스주의 경제정책을 실시하는 한 자본주의 체제는 계속 번창할 것이라고 주장하면서 자본주의 호황이 영원히 지속되리라고 예언한 사람들과도 싸워야 했다.

제2차세계대전 이후 완전고용은 객관적 사실이었지만, 그것이 케인스주의 정책의 결과라고 생각하는 것은 닭 울음소리 때문에 해가 뜬다고 생각하는 것과 마찬가지다. 케인스는 1928년부터 정부의 주된 책임이 재정·통화 정책을 사용해 경제의 유효수요를 충분히 늘려서 완전고용을 유지시키는 것이라고 주장했다. 1936년 케인스는 그의 생각을 더욱 발전시켜 ≪고용·이자·화폐의 일반이론≫이라는 책으로 펴냈다. 그러나 당시 케인스의 조언을 실제로 따른 정부는 하나도 없었다. 보수당 정부든 노동당 정부든 연립정부든 케인스의 주장을 수용하지 않았다.

전쟁이 가까워지자 상황이 달라지기 시작했다. 평화 시에는 케인스가 권고한 공공사업에 돈 쓰기를 매우 꺼렸던 자본가들이 이제 군비에 돈을 펑펑 쏟아부었다. 예를 들어, 루스벨트가 연간 재정 적자를 20억~40억 달러(1934년 36억 달러, 1935년 30억 달러, 1936년 43억 달러, 1937년 27억 달러)나 냈다고 격분했던 미국 자본가들이 1941~1942년에는 재정 적자가 590억 달러나 됐는데도 신경 쓰지 않았다. 히틀러가 케인스의 책을 읽었을 가능성은 없지만, 히틀러는 수백만 명을 군대와 군수산업에 동원해 완전고용을 달성했다. 그러한 차이를 만든 것은 군비경쟁이지 케임브리지 경제학자가 아니었다.

그러나 20년 만에 처음으로 완전고용이 마침내 달성되자, 이것이 국가의 수요 관리 정책으로 유지될 수 있다는 생각이 널리 퍼졌다. 전후 세대 모든 정당의 주요 정치인들이 보기에 케인스 이론의 정당성이 완전히 입증된 듯했다.

한때는 마르크스주의자였던 일부 인사들도 케인스를 지지한다고 선언했다. 존 스트레이치도 그중 하나였다. 1932~1935년에 존 스트레이치는 《임박한 권력 투쟁》, 《파시즘의 위협》, 《자본주의 위기의 본질》이라는 책 세 권을 썼는데, 그 책들에서 자신이 정통 마르크스주의자라고 주장했다(사실 그는 스탈린주의의 영향을 많이 받았다). 1940년에 스트레이치는 ≪진보를 위한 정책 강령≫이라는 책을 새로 펴냈다. 이 책에서는, 장기적으로 볼 때 자본주의 실패의 해결책은 사회주의뿐이지만 단기적으로 볼 때는 루스벨트의 뉴딜 정책과 비슷한 자본주의 개혁용 임시 강령이 필요하다고 스트레이치는 주장했다. 스트레이치가 내세운 주요 강령은 여섯 가지였는데, 그중에는 공기업 확대, 차입 자본 금리 인하, 사회복지 확장, 개인에게 현금 수당 지급, 소득 재분배 효과가 있는 조세 제도가 포함돼 있었다. 또한 국가가 금융 시스템을 통제하고 국제수지를 엄격하게 통제하는 방안도 들어 있었다.[4] 이러한 강령은 너무나 최소 강령주의적이어서, [노동당 내] 우파인 앤서니 크로스랜드조차 다음과 같이 말했다. "1937년에 노동당이 채택한 강령보다 비할 데 없이 온건하다."[5] 스트레이치는 여전히 마르크스의 일부 분석에 경의를 표하고 영국 사회를 '자본주의' 사회로 묘사하기는 했다. 그러나 이제 그는 실업과 경제 위기는 모두 과거지사라고 결론지었다. 대중 민주주의와, 케인스가 발견한 정부의 경제 개입 기법 덕분에 자본주의는 이제 계획되고 있다는 것이었다.

크로스랜드도 케인스주의 조처들로 자본주의가 개혁됐다고 찬사를 늘어놓았다. 1956년에 출판된 ≪사회주의의 미래≫에서 크로스랜드는 자본주의의 무계획성이 사라지고 있으며 계급 갈등도 점차 소멸하고 있다고 주장했다. 체제는 갈수록 합리적이고

민주적인 체제로 변하고 있으며 자본주의 자체도 평화적으로 소멸될 것이라고 주장했다. 생산이 인간의 필요를 충족하려는 것이 아니라 이윤 창출을 위한 것이라는 얘기는 죄다 헛소리라고 크로스랜드는 주장했다. "사기업은 마침내 인간화하고 있다."[6] 크로스랜드는 '평화적 혁명'이 시작됐으므로 계급 갈등은 생각할 수도 없게 됐다면서 다음과 같이 썼다. "오늘날 정부와 사용자들이 결탁해서 노동조합을 공격하는 것은 상상조차 할 수 없다."[7] 그리고 "바야흐로 영국은 대중적 풍요의 문턱에 서 있다"고 말했다.[8]

크로스랜드는 케인스주의 덕분에 경제가 끊임없이 성장할 것이므로 국가는 막대한 세수 증대를 이용해 사회 개혁과 사회복지 사업의 재원을 조달할 수 있을 것이라고 주장했다. 따라서 사회주의자들은 경제 문제에서 다른 문제로 관심을 돌려야 한다고 그는 주장했다. 어떤 문제로 돌려야 하는가?

> 우리는 점차 다른 분야들로, 장기적으로 더 중요한 분야들로 우리의 관심을 돌려야 한다. 즉, 개인의 자유와 행복, 문화 활동, 여가·미·우아함·열정의 계발, …… 노천카페 증설, 더 휘황찬란한 거리의 야경, 술집 영업시간 연장, 지방 극장 증설, 호텔·레스토랑 증설과 서비스 개선 …… 공공장소에 더 많은 벽화와 그림 도입, 가구와 도기와 여성 의류와 신규 주택단지 중심부의 동상과 가로등과 공중전화 박스의 디자인 개선, 기타 등.[9]

만델과 힐리가 전후 호황이라는 당면 상황에 의해 논박당했다면, 케인스주의자들과 그 밖의 자본주의 옹호자들은 1970년대 이후 점차 심각하고 다루기 힘든 경제 위기가 서방 자본주의를 휩쓴 것 때문에 장기적으로 좌절과 혼란을 겪었다.

상시 군비 경제 이론은 이 두 견해가 빠진 함정을 모두 피할 수 있었다. 상시 군비 경제 이론은 국가자본주의 이론의 발전을 통해서 만들어졌다. 소련을 이해하는 것이 서방 자본주의의 전후 호황을 이해하는 열쇠였다. 왜 그랬을까?

국가자본주의 이론은 소련과 서방 자본주의 나라들의 군비경쟁이 소련에 자본축적 동역학을 강요한 주된 메커니즘이었다고 보았다. 소련의 군비 생산은 또, 소련 경제가 호황·불황 순환을 겪지 않은 이유도 설명해 준다. 그 역逆도 사실이었다. 즉, '철의 장막' 반대편에서도 심지어 제2차세계대전이 끝난 후에도 군비 지출 수준이 여전히 높았다.

1948년에 발표된 "소련 스탈린 체제의 계급적 성격"에는 "파괴 수단의 생산과 소비"라는 장이 있다. 군비 생산은 독특한 속성이 있다. 군비 생산은 새로운 생산수단(《자본론》에서 마르크스가 사용한 용어로는 I부문)을 제공하지도 않으며 노동계급의 소비(IIa부문)에 기여하지도 않는다. 따라서 군수산업의 생산물은 다시 생산 과정으로 유입되지 않는다. 군비 생산은 자본가들이 스스로 소비하는 사치재(IIb부문 또는 III부문)와 비슷한 일종의 비생산적 소비다.[10]

군비 생산은 자본가 계급이 군비 증강으로 "새로운 자본, 새로운 축적의 가능성"을 얻게 해 주는 "자본가 계급의 집단적 소비"다. 새로운 축적의 가능성을 얻을 수 있게 해 준다는 점이 "파괴 수단의 생산과 소비"가 자본가 계급의 다른 소비와 다른 점이다.

"소련 스탈린 체제의 계급적 성격"은 군비 생산이 경제를 안정시키는 속성이 있어서 소련 국가자본주의가 시장경제의 고전적 특징인 호황과 불황의 경기변동을 겪지 않았다고 지적했다.[11] 위에서 제시한 분석은 시장 자본주의 나라들의 경제성장에서 군비 지출이 하는 구실을 강조하는 상시 군비 경제 이론으로 넘어가는 징검다리였다.

1957년 5월 "상시 전쟁 경제의 전망"이라는 글에서 위의 주장을 더 구체화됐다. 그 글은 군비 지출이 소련의 스탈린 체제에 미치는 영향에서 서방과 일본 자본주의에 미치는 영향으로까지 분석 범위를 확대한 것이었다.[12] 군비 지출의 영향은 우연적인 것이 아니었다. 사회의 경제적 수준, 즉 생산력 수준은 군대를 조직하는 데서 결정적 요인이다. 마르크스가 말했듯이, "노동의 조직화가 생산수단에 좌우된다는 우리 이론은 '인간 도살 산업'에서 가장 탁월하게 입증되는 듯하다."

자본주의 초창기에는 경제의 후진성 때문에 대규모 군대를 부양하고 무장시킬 수 없었다. 제1차세계대전과 제2차세계대전 기간에 동원된 대규모 군대와 비교해 보면, 자본주의 초창기의 군대는 매우 규모가 작았다. 심지어 나폴레옹 전쟁 시대에도 당시 유럽 대륙 전체를 사실상 지배하던 프랑스 군대 규모가 50만 명을 넘은 적이 한 번도 없었다. 당시 영국 군대는 프랑스의 10분의 1도 채 안 됐다. 프리드리히 대왕은 18세기에 선전 포고를 하면서 "평화로운 시민에게는 조국이 전쟁 중이라는 사실조차 알려서는 안 된다"고 말했다.[13] 19세기에 일어난 나폴레옹 전쟁, 아편 전쟁, 크림 전쟁 등의 기간에조차 교전국 국민들의 삶은 대체로 거의 영향을 받지 않았다.

1914년 — 전환점

이 모든 것은 제1차세계대전을 계기로 바뀌었다. 당시 나폴레옹 시대보다 인구수가 1000만 명쯤 더 많았던(나폴레옹 시대에는 3000만 명) 프랑스는 병사를 500만 명이나 동원했다. 다른 교전국들도 비슷하게 증가했다. 군대 규모가 엄청나게 늘어나면서 군사 기술에 대한 지출도 크게 늘어났다. 이러한 변화와 함께 전체 국민 경제에서 군사 부문이 하는 구실도 변했다.

병력 동원이 크게 늘고 경제의 주요 부분이 전쟁 수행에 동원되자, 전투에 참가한 병사들뿐 아니라 수많은 공업 노동자, 농업 노동자, 농민 등 — 사실상 모든 민간인들 — 도 전쟁의 영향을 받았다.

제1차세계대전 전에도 제국주의 열강들은 어느 정도 전쟁 준비를 했지만, 군비 생산을 위해 경제를 운용한 적은 거의 없었다. 이런저런 전쟁이 실제로 시작된 후에야 비로소 지배계급은 정면으로 맞닥뜨린 상황에 대처하기 위해 빵이나 총 가운데 하나를 선택하는 결정을 내렸다.

따라서 1914년 전까지는 전쟁이나 전쟁 준비를 자세히 살펴보지 않고도 자본주의 발전을 분석할 수 있었다. 왜냐하면 전쟁은 경제 발전에서 하찮은 구실을 했기 때문이다. 제1차세계대전 직후, 경제에서 군사 부문이 차지하는 비중이 다시 줄어들었다. 대규모 군대는 대부분 동원이 해제됐고 군비 생산은 크게 감소했다.

그러나 1930년대 대공황과 히틀러의 권력 장악 이후, 역사상 처음으로 평화 시에 강력한 군사 부문이 등장했다. 1939년과 1944년 사이에 군비 생산은 독일에서는 5배, 일본에서는 10배, 영국에서는 25배, 미국에서는 50배가 증가했다.[14]

전쟁 경제

	독일(10억 마르크)		영국(100만 파운드)		미국(100만 달러)	
	1939	1943	1938	1943	1939~1940	1944~1945
GE**	60.0*	100.0*	1.0	5.8	16.0	95.3
NI	88.0*	125.0*	5.2	9.5	88.6*	186.6*
GE/NI	68퍼센트	80퍼센트	19.2퍼센트	61.1퍼센트	18퍼센트	51퍼센트

GE = 정부 지출, NI = 국민소득, * 근사치, ** 주로 군비 지출

제1차세계대전 이후 약 15년 동안 선진국에는 비교적 대규모 전쟁 경제 부문이 없었던 반면, 제2차세계대전 이후에는 그러한 중단이 없었다. 제2차세계대전 종전 직후부터 군비경쟁이 다시 시작됐다.

군비, 호황, 불황

과거에 자본주의는 100여 년 동안 호황과 불황을 주기적으로 겪었다. 불황은 거의 10년 주기로 반복됐다. 그러나 상시 전쟁 경제가 등장한 뒤 웬일인지 그러한 순환은 사라졌다. 왜 그런 일이 일어났는지 그리고 국민경제의 10퍼센트 안팎을 차지하는 군사 부문이 어떻게 일반적 불황을 막을 수 있었는지 이해하려면, 먼저 고전적 자본주의 불황의 원인을 간단히 살펴봐야 한다.

자본주의 과잉생산 위기의 근본 원인은 대중의 구매력이 산업 생산능력보다 상대적으로 낮다는 것이다. 마르크스는 다음과 같이 썼다.

> 모든 실질적 위기의 궁극적 원인은 언제나 대중의 빈곤과 제한된 소비다. 즉, 대중은 가난해서 소비가 제한되는 반면 자본주의 생산은 마치 사회의 절대적 소비 능력만이 생산력 발전을 가로막는 것처럼 보일 정도로 생산력을 발전시키기 때문이다.[15]

따지고 보면, 자본주의 위기의 원인은 사회 전체의 소득에서 자본가 계급 수중으로 들어가는 비중이 갈수록 더 많아지고 그 중에서 점점 더 많은 부분이 소비수단이 아니라 생산수단을 구매하는 데 투입되기 때문이다. 즉, 자본축적에 투입되는 부분이 점점 더 많아진다는 것이다. 국민소득에서 축적에 투입되는 부분이 소비에 투입되는 부분보다 상대적으로 증가하면 과잉생산, 즉 소비자들이 재화를 구매할 돈이 없어서 팔리지 않는 재화가 갈수록 늘어나는 상황이 나타날 수밖에 없다.

이것은 누적적 과정이다. 축적의 증가는 합리화와 기술 혁신을 수반하며, 그 결과로 착취율이 높아진다. 착취율이 높아질수록, 노동자의 임금이나 자본가의 수입보다는 축적에 투입되는 돈이 더 많아진다. 축적이 축적을 낳는 것이다.

군비 예산의 효과

제2차세계대전 이후 막대한 군비 지출은 경제 위기 경향에 영향을 미쳤다. 이제 군비 경제는 대중의 구매력 수준, 실제 자본축적 수준, 시장에 출하되는 재화의 양에 매우 큰 영향을 미쳤다.

특정 나라에서 일자리를 구하는 사람들이 100만 명이며, 그중에 10퍼센트인 10만 명 정도가 정부에 고용돼 군비 생산 부문에서 일한다고 치자. 그들의 구매력 덕분에 많은 사람들이 다른 부문에 고용될 것이다. 케인스는 첫째 그룹과 둘째 그룹의 배수 관계를 '고용승수'라고 했다. 얘기를 간단히 하기 위해 이 용어를 빌리는 것이 유용할 듯하다. 고용승수가 2라면, 국가가 노동자 10만 명을 고용할 때 취업자는 20만 명으로 늘어난다. 고용승수가 3이라면, 취업자는 30만 명으로 늘어난다. 따라서 국민소득의 10퍼센트가 군비 예산이라면 그 누적 효과로 말미암아 대중의 구매력은 10퍼센트보다 훨씬 더 많이 증가할 것이라는 점은 분명하다.

또한, 국민 소득의 10퍼센트가 군비에 투입된다면, 평화 시에 생산에 투자될 자본은 크게 줄어든다. 앞서 든 예에서는, 국민 소득의 20퍼센트에서 10퍼센트로 줄어들 것이다. 대중의 구매력 증가와 함께 무기, 군복, 군사시설 등에 대한 국가의 신규 수요 덕분에 판매 기회가 확대되고 과잉생산 위기가 방지됐다.

또한, 전쟁 경제는 당연히 민간 구매자를 겨냥한 비군사용 제품의 공급 증가율에도 크게 영향을 미친다. 완전고용은 임금노동자의 총수를 증가시킬 뿐 아니라 노동시장을 경직시켜 노동자가 더 높은 임금을 받게 할 수도 있다. 역설적으로, 이것은 이윤 증가 가능성을 부정하지 않는다. 다른 때보다 자본이 더 풀가동될 수 있기 때문이다. 유휴 생산 설비나 손해 보면서 운영되는 자본은 크게 줄어든다. 매출은 늘어난다. 따라서 예를 들어 1937~1942년에 미국 공업 노동자의 총임금이 70퍼센트 상승할 때 이윤은 400퍼센트나 증가했다!

상시 군비 경제

사회가 이용할 수 있는 생산력이 크게 확대됐기 때문에, 군비 부담의 증가가 반드시 민간 소비 위축으로 이어진 것은 아니었다. 오히려 그 반대였다. 이 점은 제2차세계대전 당시 전 세계에서 가장 부유한 자본주의 나라였던 미국에서 가장 분명히 드러났다. 1943년에 미국은 837억 달러의 막대한 자금을 전쟁에 쏟아부었지만, 민간 소비는 감소하지 않았고 실제로는 전쟁 전보다 더 증가했다. 민간 소비는 1939년 617억 달러에서 1943년 708억 달러(1939년 물가 기준)로 14.7퍼센트 증가했다.

상시 군비 경제 이론은 트로츠키의 예측이 빗나간 이유를 보여 줬다. 그러나 더 많은 것도 보여 줬다. 즉, 핵폭탄에 힘입은 경제적 번영은 장기적으로 불안정하고 불안하다는 것도 보여 줬다. 군비 지출 덕분에 세계 자본주의가 번영을 누릴 때조차, 높은 군비 예산 부담을 모든 나라가 똑같이 졌던 것은 아니다. 군비 지출을 거의 하지 않은 나라들은 군비 지출에 반비례해 이익을 얻었다. "소련 스탈린 체제의 계급적 성격"은 자본주의가 대체로 일시적 안정을 누리고 있을 뿐이라고 주장하면서 다음과 같이 지적했다.

열강은 세계시장에서 매우 격렬하게 경쟁하기 때문에, 저마다 자신의 지위를 강화하려고 군비 지출을 줄이기 시작할 것이다. 현재 영국은 독일과의 경쟁 때문에 '국방 예산'을 축소할 수밖에 없고 국제수지 악화에 시달리고 있다. 지금까지는 어떤 나라도 미국에 필적할 수 없었고 미국으로 하여금 군비경쟁을 포기하도록 압력을 가하고 "군비 예산 삭감" 경쟁을 시작하도록 강제할 수 없었다. 미국은 세계 최대의 군비 예산과 최대 규모의 공업 투자를 감당할 수 있는 여력이 있다.[16]

군비경쟁의 불균등한 부담은 불안정으로 이어질 것이다. 물론 "소련 스탈린 체제의 계급적 성격"에서 나는 소련이 최종 승자가 될 것이라고 예측했지만 이 예측은 나중에 틀렸음이 밝혀졌다.

소련 공업의 성장 폭이 엄청나서 앞으로 10년이나 20년이 지나면 소련은 절대적 수준에서는 미국의 공업을 따라잡지 못하더라도 적어도 세계시장의 특정 부문 — 중공업 부문 — 에서는 미국에 도전할 수 있을 것이다. 그러면 미국은 …… 세계시장에서 패배하지 않기 위해 국방 예산을 삭감해야 할 것이다.[17]

그러나 내 기본적인 주장은 옳았다.

따라서 전쟁 경제는 점점 더 과잉생산을 해결하거나 자본주의 번영을 안정시키는 구실을 못하게 될 것이다. 전쟁 경제의 효용

이 다하면, 자본주의 호황은 분명히 종말을 고할 것이다.[18]

사실 미국에 군비 예산 삭감 압력을 가한 것은 소련이 아니라 주로 서독과 일본이었다. 서독과 일본은 제2차세계대전에서 졌기 때문에 대규모 군대를 보유하는 것이 금지됐다. 그러나 "소련 스탈린 체제의 계급적 성격"에서 군비 지출을 통한 시장 자본주의의 일시적 안정화는 단지 일시적일 뿐이라고 예측한 것은 옳았다. 사실, 잉여가치를 생산적 투자에서 군비 생산으로 전용함으로써, 군비 지출은 불황을 막을 수는 있었지만 장기적 정체 경향이라는 대가를 치러야 했다. 군비 지출 수준이 비교적 높은 경제들은 경쟁에서 불리해졌고 따라서 민간 산업에 투여되는 투자 비중을 높일 수밖에 없었다. 이 때문에 고전적 경기 변동 경향이 다시 나타나게 됐다.[19]

불균등한 군비 부담 때문에, 미국을 한축으로 하고 일본과 서독을 다른 한축으로 하는 경쟁은 더욱 심해졌고 그래서 경제가 불안정해지고 전 세계적 불황이 다시 닥쳤다. 몇 년 뒤 세계경제가 둔화할 것이라는 예측은 맞아떨어졌다. 연간 세계 생산량 증가율은 1950~1963년에 5.4퍼센트, 1963~1973년에 6퍼센트를 기록한 후에 1973~1990년에 2.6퍼센트로 감소하고 1990~1996년에는 1.4퍼센트까지 떨어졌다.[20]

국민소득 중에서 군비에 지출하는 비중은 미국이 일본이나 서독보다 훨씬 더 높았다. 일본은 국민소득의 1퍼센트 남짓만을 군비에 지출했다. 그래서 일본은 더 많은 자본을 축적하고 공업에 더 많이 투자해서 공장 설비를 현대화할 수 있었다. 그 결과 일본 자동차 산업은 눈부시게 발전했다. 일본 조선업은 영국 조선업을 제치고 세계 선두 자리를 차지했고, 일본 전자 산업은 그 전까지 세계 1위였던 독일을 추월했다.

베트남 전쟁으로 미국 공업은 독일과 일본보다 더욱 뒤처지게 됐다. 그 결과 1973년 유가 ― 달러화로 표시되던 ― 가 폭등하자 달러화의 약점이 여실히 드러났다. 장기 호황은 끝났다.

상시 군비 경제 이론은 자본주의 체제가 오래되더라도 자본주의의 비합리성은 감소하지 않는다는 것을 당연하게 여겼다. 마르크스의 말을 빌리면, 자본주의의 역사는 온통 피와 오물로 얼룩져 있으므로, 자본주의가 오래되더라도 더 자비로워지지는 않았다. 사실, 상시 군비 경제는 자본주의 체제의 잔인함과 야만성이 가장 극단적으로 표현된 것이다.[21]

4장

빗나간 연속혁명

전후 트로츠키주의자들이 제대로 이해하지 못해서 애를 먹은 또 다른 문제는 제3세계에서 일어난 혁명들이었다. 트로츠키가 러시아에서 발전시킨 연속혁명론은 제국주의의 약화와 제3세계 나라들의 사회 변혁을 예측했다. 이 변혁의 주도 세력은 부르주아 혁명의 과제들을 완수하려고 투쟁하는 동시에 사회주의를 위한 투쟁으로 나아가는 노동계급이어야 했다. 트로츠키의 연속혁명론이 제3세계에서 일어난 혁명들을 적절하게 설명했는가 하는 문제는 마오쩌둥의 중국과 카스트로의 쿠바에서 가장 선명하게 제기됐다. 연속혁명론이 적용됐는가? 이 질문에는 "예"라고 대답할 수도 없고 "아니오"라고 대답할 수도 없다. 이 두 나라에서 일어난 혁명과 트로츠키의 이론 사이에는 공통점이 꽤 있었지만, 어떤 면에서는 근본적 차이도 있었다. 따라서 이 두 측면을 모두 아우를 수 있는 이론이 필요했다. 이것이 바로 빗나간 연속혁명론이었다.

마오쩌둥의 권력 장악

'공산주의'라는 딱지에도 불구하고, 마오쩌둥의 중국 공산당이 1949년 국민당에 승리하는 데서 공업 노동계급은 아무 구실도 하지 않았다. 중국 공산당의 사회적 구성 자체도 전혀 노동계급적이지 않았다. 당내에서 마오쩌둥이 떠오른 때는 공산당이 노동계급 정당의 성격을 완전히 상실한 시기와 일치했다. 1926년 말에는 적어도 당원의 66퍼센트가 노동자였고, 22퍼센트가 지식인이었고 농민은 5퍼센트에 불과했다.[1] 1928년 11월 노동자 비율은 5분의 4 이상 감소해 10퍼센트로 떨어졌다. 어떤 공식 보고서는 "공업 노동자들 사이에 건강한 당 세포가 단 하나도 없다"고 인정했다.[2] 1년 뒤 노동자는 당원의 3퍼센트로 떨어졌고 1930년 말에는 사실상 노동자 당원이 하나도 없었다.[3] 그때부터 마오쩌둥이 최종 승리할 때까지 공산당에는 사실상 공업 노동자가 하나도 없었다.

몇 년 동안 공산당은 중국 중부 오지에서 반란을 일으킨 농민 운동에 불과했다. 그곳에서 그들은 중국 소비에트 공화국을 건설했다. 그러다가 1934년 중부 지방에서 군사적 패배를 겪은 뒤 중국 서북부의 산시성 북부로 이동했다. 두 지역 모두 이렇다 할 공업 노동계급이 전혀 없었다. 코민테른 기관지가 "국경 지역은 중국에서 사회적·경제적으로 가장 후진적인 지역축에 든다"고 쓴 것은 결코 과장이 아니었다.[4] 주더도 "공산당이 지도하는 지역은 중국 전체에서 경제적으로 가장 후진적인 지역"이라고 말했다.[5] 중화인민공화국이 수립되기 2년 전까지만 해도 공산당이 통제하는 도시는 하나도 없었다.

마오쩌둥이 권력을 장악할 때까지 공산당 전략에서 노동자들이 전혀 중요하지 않았으므로, 공산당은 1929년 이후 19년 동안 전국 노동조합 대회를 개최할 필요성을 느끼지 못했다. 공산당은 노동자들의 지지를 얻으려고 애쓸 필요가 없었다. 공산당의 선언문에서 알 수 있듯이, 공산당은 1937~1945년의 중대한 시기에 국민당이 지배한 지역에서 당 조직을 유지하려 하지 않았다.[6] 1937년 12월 국민당 정부가 대일항전 기간에 파업을 벌이거나 파업을 선동한 노동자들은 사형에 처하겠다고 선언하자, 공산당 대변인은 어떤 인터뷰 기자에게 공산당은 정부의 전쟁 수행 방식에 "전적으로 만족한다"고 말했다.[7] 공산당과 국민당 사이에 내전이 시작된 뒤에조차 중국의 모든 공업 중심지가 포함된 국민당 통제 지역에서는 공산당 조직이 거의 없었다.

마오쩌둥이 도시를 점령하는 과정에서 여실히 드러난 것은 무엇보다 공산당이 공업 노동계급과 완전히 분리돼 있다는 것이었다. 공산당 지도자들은 도시 점령 직전에 도시에서 노동자 봉기가 일어나는 것을 막으려고 전력을 다했다. 톈진과 베이징을 함락하기 전에, 인민해방군 사령관 린뱌오 장군은 다음과 같은 포고령을 공포했다.

질서를 유지하고 생업을 지속하라. 성·시·현·지구·향·촌 기타 각급 행정 기관의 국민당 관리나 경찰, 파오 치아(국민당 보안경찰) 요원들은 …… 자기 자리를 떠나지 말라.[8]

중국 중부와 남부의 대도시(상하이, 한커우, 광저우)를 함락하기 위해 양쯔 강을 건널 무렵, 마오쩌둥과 주더도 비슷한 포고령을 공포했다.

모든 업종의 노동자들과 종업원들은 일을 계속하고 …… 중앙 정부나 성·시·현·각급 지방 정부의 국민당 간부들, '국회' 의원들, 입법원과 통제원 위원들, 인민정치협상회의 위원들, 경찰과 파오 치아 조직 수장들은 …… 모두 자기 자리를 떠나지 말라.[9]

노동계급은 이러한 명령을 따라야 했고 아무 행동도 하지 않았다. 인민해방군이 난징을 점령하기 이틀 전인 1949년 4월 22일 난징에서 나온 보도는 당시 상황을 다음과 같이 묘사했다.

난징 주민은 동요하는 조짐이 없다. 오늘 아침에 호기심 많은 사람들이 강둑에 모여 강 건너편에서 벌어지는 총격전을 구경했다. 상점들은 평소처럼 문을 열었다. 일부 상점은 문을 닫았지만, 그것은 장사가 안 되기 때문이다. …… 극장은 여전히 관객들로 가득 찼다.

한 달 뒤 〈뉴욕 타임스〉 특파원은 상하이에서 다음과 같이 보도했다. "홍군은 주민들에게 두려워하지 말고 안심하라는 벽보를 붙이기 시작했다."[10] 광저우에서는 "공산당이 입성 후 경찰서와 접촉해 경찰관들에게 자기 자리를 지키고 치안을 유지하라고 지시했다."[11]

제국주의 지배에서 벗어나는 민족해방 같은 부르주아 혁명의 과제를 달성할 수 있는 세력은 노동자뿐이라는 트로츠키의 주장은 중국 혁명과 맞지 않았다.

카스트로의 혁명

트로츠키의 예측과 맞지 않은 또 다른 사례는 쿠바였다. 쿠바에서는 노동계급이나 농민이나 모두 중요한 구실을 하지 못했다. 피델 카스트로가 권력을 장악하는 과정에서 투쟁 무대를 가득 채운 세력은 중간계급 지식인들이었다. 라이트 밀스의 ≪들어라 양키들아≫는 쿠바 혁명 지도자들의 진정한 독백이라 할 만한데 이 책은 무엇보다도 쿠바 혁명이 어떤 것이 아니었는지를 잘 보여 준다.

혁명 자체는 …… 임금노동자와 자본가 사이의 투쟁이 아니었다. …… 우리 혁명은 도시의 노동조합이나 임금노동자들이 일으킨 것도 아니고 노동자당이나 그 비슷한 것이 일으킨 혁명도 아니었다. …… 도시의 임금노동자들은 혁명적 의식이 전혀 없었다. 노동조합은 당신네 미국의 노동조합과 비슷해서, 그저 임금 몇 푼 더 받고 근로조건 개선하는 데만 매달렸다. 우리 노동조합을 실제로 움직인 것은 그런 것뿐이었다. 게다가 일부 노동조합은 미국의 노동조합보다 훨씬 더 부패했다.[12]

카스트로를 무비판적으로 지지한 폴 배런은 쿠바 혁명 지도자들과 토론한 뒤, 다음과 같이 썼다.

취업 중인 공업 노동계급은 혁명 기간 내내 대체로 수동적이었다. 쿠바 프롤레타리아의 '귀족'층이었던 이 노동자들은 국내외 독점자본의 이익을 나눠 먹으면서 라틴아메리카 기준으로는 높은 임금을 받았고 평범한 쿠바인들보다 생활수준도 상당히 높았다. 힘깨나 쓰는 노동조합 운동은 미국식 '기업별 노동조합주의'와 공갈과 폭력에 완전히 물들어 있었다.[13]

공업 프롤레타리아의 무관심 때문에, 봉기 시작 16개월 후 그리고 쿠바 독재자 바티스타가 몰락하기 8개월 전인 1958년 4월

9일 카스트로가 호소한 총파업은 완전히 실패했다. 노동자들은 심드렁했고 공산당은 총파업을 사보타주했다. 얼마 후에야 비로소 공산당은 카스트로에게 붙었다.[14]

노동계급뿐 아니라 농민도 카스트로의 권력 장악에 참여하지 않았다. 1958년 4월 말까지도 카스트로 휘하의 무장 병력 총수는 180명에 불과했고 바티스타를 타도할 때도 겨우 803명까지 늘어났을 뿐이다.[15] 카스트로 군대의 간부들은 지식인들이었다. 카스트로 군대에 참여한 소수 농민은 농업 임금노동자가 아니었다. 체 게바라는 시에라 마에스트라 산맥에서 카스트로 군대에 합류한 농민들을 다음과 같이 묘사했다.

> 우리의 첫 번째 농민 게릴라 군대 병사들은 토지 소유에 가장 집착하고 프티부르주아 정신을 가장 완벽하게 보여 주는 이런 사회계급 출신이었다.[16]

카스트로 운동은 중간계급 운동이었다. 1956년 12월 카스트로의 지휘 아래 멕시코에서 쿠바로 침입한 82명과 그 직후 살아남아 시에라 마에스트라에서 투쟁한 12명은 모두 중간계급 출신이었다. "가장 큰 손실을 입은 것은 대체로 중간계급적인 도시 저항 운동이었는데, 정치적·심리적 염산이 바티스타의 군대를 점차 녹여 버렸다."[17]

체 게바라는 쿠바 혁명 운동의 특징을 거론하면서, 공업 노동계급은 미래의 모든 사회주의 혁명과 관련이 없을 것이라고 암시했다.

농민이 주로 토지의 공정한 분배라는 그들 자신의 위대한 목표를 위해 독자적으로 투쟁하는 군대를 건설해서 농촌에서 도시로 진격할 것이다. …… 권력 장악의 주관적 조건이 무르익은 농촌에서 창출된 이 군대가 외부에서 도시를 점령해 나간다.[18]

제3세계의 다른 지역에서 노동계급은 전후 사회변혁에서 부차적 구실만을 했으며, 노동계급이 참여했을 때조차 1917년 러시아와 달리 노동계급은 혁명적 사회주의를 위해 투쟁하는 독자적 세력의 구실을 하지 못했다. 따라서 국내의 후진적인 사회경제적 관계를 극복하고 제국주의에서 벗어나 민족해방을 달성하는 과정을 주도한 것은 주로 지식인 출신의 다양한 세력이나 국가였다. 그들이 트로츠키의 연속혁명론에서 노동계급에 부여한 구실을 수행했던 것이다. 그 결과 아프리카, 아시아, 라틴아메리카에서 비록 정치 체제는 다양했지만, 그리고 정도 차이는 조금씩 있었지만 대부분 국가자본주의가 수립됐다.

트로츠키의 연속혁명론에 어떤 문제가 있었을까?

트로츠키 이론의 기본 요점은 다음 6가지로 요약할 수 있다.

(1) 자본주의 무대에 늦게 등장한 부르주아지는 100~200년 전의 선배 부르주아지와 근본적으로 다르다. 후발 부르주아지는 봉건제와 제국주의 억압에서 비롯한 문제들의 민주적·혁명적 해결책을 일관되게 제공할 수 없다. 그들은 봉건제를 철저히 파괴할 수 없고, 진정한 민족해방과 정치적 민주주의를 달성할 수도 없다. 후발 부르주아지는 선진국에서든 후진국에서든 더는 혁명적이지 않고, 지극히 보수적인 세력이다.

(2) 결정적인 혁명적 구실은 프롤레타리아의 몫이다. 그들이 아직 생긴 지 얼마 안 되고 규모도 적을지라도 말이다.

(3) 농민은 독자적으로 행동할 수 없으므로 도시를 따를 것이고, 앞의 두 가지 사항을 감안할 때, 공업 프롤레타리아의 지도를 따를 것이다.

(4) 농업 문제, 민족 문제의 해결책을 일관되게 제시하려면, 급속한 경제발전을 가로막는 사회적 질곡과 제국주의의 굴레를 끊으려면 부르주아 사유재산제의 한계를 뛰어넘어야 할 것이다. "민주주의 혁명은 즉시 사회주의 혁명으로 성장·전화하고 그래서 연속혁명으로 발전한다."[19]

(5) "일국 틀 안에서" 사회주의 혁명을 완수한다는 것은 "생

각할 수조차 없다. …… 따라서 사회주의 혁명은 더 새롭고 더 광범한 의미의 연속혁명으로 발전한다. 즉, 사회주의 혁명은 전 세계에서 새로운 사회가 최종 승리할 때만 완수될 것이다."[20] '일국사회주의'를 달성하려고 노력하는 것은 반동적이고 편협한 꿈일 뿐이다.

(6) 따라서 후진국 혁명은 선진국의 격변을 불러일으킬 것이다.

후발 부르주아지의 보수적이고 소심한 성격(트로츠키 이론의 첫째 요점)은 절대 법칙인 반면, 신생 노동계급의 혁명적 성격(둘째 요점)은 절대적인 것도 아니고 필연적인 것도 아니다. 사실, 노동계급이 혁명적이지 않다면 요점 (3), (4), (5)는 실현되지 않을 것이다.

트로츠키 이론의 핵심인, 노동계급의 확고한 혁명성이 의심을 받게 되면, 트로츠키 이론의 구조 전체가 무너지고 만다. 그의 셋째 요점이 실현될 수 없는 이유는 농민이 비혁명적 노동계급을 따를 리 없기 때문이다. 다른 요점들도 마찬가지다. 그렇다고 해서 아무 일도 일어나지 않는다는 말은 아니다. 국내 상황과 국제 상황이 서로 연관돼 있으므로 생산력은 봉건제·제국주의의 굴레와 충돌할 수밖에 없다. 농민 반란은 그 어느 때보다 더 격화하고 더 널리 확산될 것이다. 생활수준 개선을 요구하고 제국주의의 경제적 수탈에 대항하는 민족 반란의 뿌리도 봉건제와 제국주의의 족쇄에 있다. 그 결과 연속혁명의 요소들을 포함하면서도 근본적으로 연속혁명에서 빗나간 형태의 사회변혁이 일어났다. 우리는 이것을 빗나간 연속혁명이라고 불렀는데, 이 빗나간 연속혁명론을 개괄적으로 처음 제시한 것은 1963년이었다.[21]

현대 자본주의 사회 양대 계급인 자본가와 노동자가 핵심 구실을 하지 않았다면 — 자본가는 보수 세력이 됐기 때문에, 그리고 노동계급은 스탈린주의나 개혁주의 때문에 다른 목표를 지향해서 — 그렇게 중요한 일이 어떻게 일어날 수 있었을까? 생산력 발전과 농민 반란이라는 동력 자체만으로는 지주 제도와 제국주의의 굴레를 분쇄할 수 없었을 것이다. 다른 요인 네 가지가 도움이 됐다.

(1) 수소 폭탄 때문에 서로 꼼짝 못하게 됐다고 느낀 양대 초강대국 진영 사이의 모순이 심화함에 따라 세계 제국주의가 약해졌다. 그래서 서로 전쟁을 유발할지도 모른다는 두려움 때문에 초강대국들의 제3세계 간섭 능력이 어느 정도 제한됐다.

(2) 후진국에서 국가의 중요성이 커졌다. 역사적 과제에 직면한 사회에서 그 과제를 전통적으로 수행하던 계급이 없을 때, 흔히 국가 권력으로 조직된 다른 집단이 그 과제를 수행한다는 것은 역사의 장난 가운데 하나다. 그런 상황에서 국가 권력은 매우 중요한 구실을 한다. 국가 권력은 자신의 존립 기반인 국민 경제적 토대를 주로 반영하거나 그러한 토대뿐 아니라 세계경제의

초국적 압력도 반영한다.

(3) 스탈린주의와 개혁주의의 영향 때문에 노동자 운동의 힘이 사회주의 혁명이 아닌 엉뚱한 방향으로 쏠리게 된다. 공산당이나 공산당과 비슷하게 노동계급에 영향을 미치는 운동들이 다른 계급의 이익을 대변하는 세력들과 협력하거나 그들을 강화하려고 애쓰기 일쑤였다.

(4) 민족을 지도하고 통합하는 세력, 무엇보다 대중을 조종하는 세력으로서 지식인들의 중요성이 커졌다. 이 점은 더 자세히 살펴볼 필요가 있다.

혁명 운동에서 지식인들이 하는 주도적 구실은 그들의 출신 배경이 되는 대중의 일반적 후진성 — 경제적·사회적·문화적 — 에 정비례한다. 가장 후진적인 사회집단인 농민을 혁명화할 필요성을 가장 강조했던 러시아 민중주의[나로디즘] 운동도 '비판적 사고'의 대가인 지식인들을 매우 중요하게 여긴 집단이었다는 점이 특징이었다.

혁명적 지식인들은 제정 러시아보다는 제2차세계대전 후의 신생 국가들에서 훨씬 더 응집력 있는 집단이었음이 드러났다. 토착 부르주아지의 사유 재산은 너무 보잘것없어서 상황을 바꿀 수 없었고 제국주의의 멍에는 참을 수 없을 만큼 고통스러운 상황에서 국가자본주의가 대안인 것처럼 보였다. 제국주의의 약화,

국가 계획의 중요성 증대, 소련의 사례, 공산당의 조직적이고 규율 있는 활동을 통해 국가자본주의는 지식인들에게 체계적인 강령을 제시했다. 유일하게 전문화되지 않은 사회집단(생산관계에서 특정 계급의 구실에 묶여 있지 않았으므로)인 지식인들은 '직업 혁명가 엘리트'의 원천이었을 뿐 아니라 사회 부문과 계급의 이익을 뛰어넘는 '국익'의 대변자처럼 보이기도 했다. 또한, 지식인들은 민족문화에 가장 심취한 사회집단인 반면, 농민과 노동자는 민족문화를 즐길 여유도 없었고 배울 기회도 없었다.

지식인들은 또, 자국의 기술적 후진성에도 민감했다. 20세기의 과학기술 세계를 접한 그들은 자국의 후진성에 숨이 막힐 지경이었다. 이러한 감정을 더욱 부추긴 것은 후진국에 만연한 '지식인 실업'이었다. 전반적인 경제적 후진성 때문에, 대다수 학생들이 기대할 수 있는 일자리는 오로지 공무원뿐이었지만, 그마저도 충분치 않았다.[22]

지식인들의 정신생활도 위기에 빠져 있었다. 전통 사회가 해체되는 혼란의 소용돌이 속에서, 지식인은 불안감과 불안정을 느꼈으며 확고한 가치관을 세울 수 없었다. 해체되는 문화를 보면서, 사회적·정신적 공백을 메우려면 총체적이고 역동적인 새로운 통합이 절실하다고 생각하게 됐다. 그래서 지식인들은 민족주의를 종교 신앙처럼 신봉했다.

자국이 정치적으로 독립하기 전에, 지식인들은 이중의 압력에 시달렸다. 즉, 대다수 국민보다는 특권적 지위에 있었지만 외국 지배자들에게 여전히 종속돼 있었다. 이 때문에 지식인들이 민족 운동에서 그토록 주저하고 동요하는 모습을 보였던 것이다. 지식인들은 자신들의 특권 때문에 일종의 죄책감, 즉 '무지한' 대중에 대한 '부채' 의식도 느꼈지만 자신들은 대중과 다르고 대중보다 우월하다고 느끼기도 했다. 지식인들은 동화되지 않으면서도 소속되고 싶어 했고 그러면서도 여전히 따로 놀거나 군림하고 싶어 했다. 지식인들은 민족을 통합하는 광범한 전망을 새롭게 제시하면서도 자신들에게 권력을 가져다줄 역동적 운동을 모색했다.

지식인들은 사회공학의 효율성을 포함해 효율성을 신봉했다. 지식인들은 위로부터 개혁을 원했고, 고마워하는 민중에게 새로운 세상을 물려주고 싶어 하면서도 자의식적이고 자유롭게 단결한 민중이 해방 투쟁을 통해 스스로 새로운 사회를 건설하는 것은 보고 싶어 하지 않았다. 지식인들은 자기 나라를 정체 상태에서 벗어나게 하는 방법에 많은 관심을 쏟았지만, 민주주의에 대해서는 거의 관심이 없었다. 지식인들은 공업화와 자본축적과 민족중흥의 염원을 구현했다. 그들이 힘을 쓸 수 있었던 것은 다른 계급들이 허약하고 정치적으로 무력했기 때문이다.

이 모든 것 때문에 전체주의적 국가자본주의는 지식인들에게 매력적인 목표가 됐다. 사실, 지식인들은 신생국들에서 공산당의 주요 지지 세력이었다. 어떤 라틴아메리카 전문가는 "라틴아메리카에서 공산주의를 가장 많이 수용한 사회집단은 학생과 중간계급이었다"고 썼다.²³ 인도의 암리차르에서 열린 공산당 당대회(1958년 3~4월)에 참가한 "대의원의 약 67퍼센트가 프롤레타리아도 아니고 농민도 아닌 다른 계급(중간계급, 지주계급, '소상인들') 출신이었고, 72퍼센트는 모종의 대학 교육을 받은 사람들이었다."²⁴ 1943년 인도 공산당원의 16퍼센트가 상근직 공무원이었다.²⁵

빗나간 연속혁명

트로츠키의 이론에 따르면, 제3세계에서 사회 발전의 원동력은 연속혁명을 불러일으키고 노동자들의 사회주의 투쟁으로 이어져야 했다. 그러나 혁명의 주체인 프롤레타리아의 행동과 지도력이 없으면, 엉뚱한 세력이 나서서 다른 목표, 즉 국가자본주의를 추구할 수 있다. 트로츠키의 이론에서 보편타당한 요소(부르주아지의 보수성)와 우연적인 요소(프롤레타리아의 주관적 행동에 달려 있는)들을 구별해서 살펴보면 연속혁명론의 새로운 변종을 도출할 수 있는데, 딱히 마땅한 명칭이 없어서 우리는 그것을 '국가자본주의로 빗나간 연속혁명'이라고 불렀다. 그러나 트로츠키 이론의 핵심 주제, 즉 프롤레타리아는 전 세계에서 승리할 때까지 혁명투쟁을 계속해야 한다는 주장은 여전히 타당하다. 이러한 목표를 달성하지 못한다면 프롤레타리아는 자유를 얻을 수 없다.

5장

유산

이 책은 제2차세계대전 이후 세계 상황에 대한 트로츠키의 예측과 실제 상황을 비교하면서 시작했다. 그런 다음 대다수 트로츠키주의자들이 현실을 직시하지 않고 트로츠키의 자구에만 집착해 트로츠키의 정신에서 완전히 빗나갔다고 설명했다. 트로츠키가 살아 있었다면 "용의 이빨을 뿌렸지만 벼룩을 얻었다"[*]고 말했을 것이다. 왜 이런 일이 일어났을까? 왜 만델과 파블로와 그 밖의 주요 트로츠키주의자들은 어리석지도 않고 매우 진지했는데도 그렇게 행동하고 환상의 세계에서 살았을까? 그 이유는 나치와 스탈린이 지배한 암울한 반동기에 트로츠키주의자들이 오랫동안 고립돼 노동계급과 절연되다시피 했기 때문이다. 그렇게 오랫동안 사막을 헤매며 물을 찾다 보니 환각 상태에서 오아시

---

[*] 그리스 신화에서 카드모스가 용의 이빨을 땅에 뿌려 얻은 전사 5명과 함께 테베를 세워 왕이 되고 전사들은 테베 귀족의 조상이 된 것을 빗대 정설파 트로츠키주의자들을 비꼰 말이다.

스의 신기루를 보게 된 것이다.

마르크스, 레닌, 룩셈부르크, 트로츠키의 핵심적 가르침에 충실하고 제2차세계대전 후의 현실을 직시하려고 노력하는 과정에서, 국제사회주의경향은 세 가지 이론을 발전시켰다. 즉, 소련 스탈린 체제를 국가자본주의로 규정해 소련이 오랫동안 안정을 누리다가 결국 몰락한 것을 해명하고, 서방 자본주의가 상시 군비 경제 덕분에 장기 호황을 누릴 수 있었지만 장차 위기의 씨앗을 품게 됐다는 것을 해명하고, 빗나간 연속혁명론으로 마오쩌둥과 카스트로의 승리를 해명했다.

현실 세계가 실제로 서로 연관돼 있으므로 이 세 이론 사이에도 서로 연관 관계가 있었는가?

당연히 있었다. 소련 스탈린 체제가 살아남아 더 강성해진 것이 다른 두 가지 상황 전개의 열쇠였다.

우선, 스탈린주의의 영향은 제2차세계대전 종전 후의 심각한 사회적·정치적 긴장이 프롤레타리아 혁명으로 폭발하지 못하도록 막는 데서 결정적 구실을 했다. 제2차세계대전 직후 유럽 대륙의 사회적 긴장은, 제1차세계대전 말기에 러시아와 독일과 오스트리아와 헝가리에서 혁명이 일어나고 다른 많은 나라에서 혁명 비슷한 상황이 벌어졌던 때보다 훨씬 더 첨예하고 심각했다. 그렇게 공공연한 혁명이 1945년에 일어나지 않은 이유는 공산당들 때문이었다. 스탈린주의 지도자들은 급진적 후광을 이용해

혁명의 상승 물결을 차단하고 자본주의를 방어하는 데서 결정적 구실을 할 수 있었다.

프랑스·이탈리아·독일의 사례는 혁명의 기회를 어떻게 날려 버렸는지를 보여 준다. 1944년 8월 나치 군대에서 파리를 해방시킨 것은 공산당이 주도하는 레지스탕스였다. 공산당이 사실상 파리를 완전히 통제했다. 공산당과 경쟁하던 다른 정치 집단들을 살펴보자. 게이브리얼 콜코는 《전쟁의 정치학》에서 다음과 같이 설명했다. "레지스탕스 중에서 드골주의 이데올로기를 표방한 집단은 언제나 소수였다. 그들은 프랑스의 대다수 주요 지역에서 거의 존재하지도 않았다."[1] 사회당도 대중의 지지를 얻지 못하고 있었다.

사회당은 제3공화정에서 가장 뛰어난 정당이었으며, 비시정부에서도 어떻게 해서든지 정치권에 남아 있으려고 하다가 결국은 당 소속 국회의원의 3분의 2를 협력과 타협을 위해 축출했다. 1941년 이후 사회당이라는 당은 말 그대로 사라졌으며, 1944년에야 서서히 대열을 재정비하기 시작했다.[2]

이 덕분에 공산당의 활동 공간이 넓어졌다. "공산당이 주도한 레지스탕스 조직인 '비정규군과 빨치산'이 …… 가장 컸다."[3] 이언 버철은 당시 프랑스 상황을 다음과 같이 묘사했다.

1944년 하반기 나치 치하에서 해방된 프랑스는 혼란에 휩싸였다. 처음에 중앙정부는 상황을 거의 통제하지 못했다. 여러 지방에서 해방위원회가 구성됐다. 마르세유에서 지방정부는 중앙정부와 협의하지도 않고 자체적으로 공공 소유 프로그램을 시작했다. 인민 법정이 구성돼 나치 부역자 약 1만 1000명이 총살 당했다.

해방위원회는 대체로 프랑스 공산당이 통제했으며, 정부는 개입할 힘이 없었고, 내무장관은 해방위원회에 자율적 활동을 중단해 달라고 호소했으나 허사였다. 프랑스 공산당 지도자 모리스 토레즈의 개입만이 해방위원회를 저지할 수 있었다. 모리스 토레즈는 다음과 같이 강조했다.

레지스탕스 전국평의회가 중앙정부를 대신하지 않듯이, 지역 해방위원회가 지방자치단체의 행정 당국을 대신해서는 안 된다.[4]

모리스 토레즈는 모스크바에서 프랑스로 돌아오자마자 "하나의 경찰, 하나의 군대, 하나의 국가"라는 구호를 제창했다. 그래서 레지스탕스는 무장해제를 당했다. 콜코는 다음과 같이 썼다.

토레즈는 앙드레 마르티와 샤를 틸롱을 중심으로 한 더 나이 많고 전투적인 지도부를 징계했고, 결국 그들을 축출했다. 토레즈는 파업을 금지했고 노동자들에게 일을 더 많이 하라고 요구했으며, [레지스탕스 조직 — 클리프]의 해산을 지지했다. 그는 모든 사회적 목표를 전쟁 승리라는 목표에 종속시켰다. 1945년 1월 당 중앙위원회에서 그는 이렇게 말했다. "해방위원회의 과제는 통치가 아니라 통치하는 사람들을 돕는 것입니다. 무엇보다도 해방위원회는 대중을 동원하고 훈련하고 조직해서 대중의 전쟁 노력을 최대한 끌어내고 레지스탕스가 제시한 강령을 실행하도록 임시정부를 지원해야 합니다." 요컨대, 프랑스 자본주의 역사의 결정적 순간에 좌파 정당이 자본주의에 저항하기를 거부한 것이다. 토레즈는 "국민의 단결"이 "지상명령"이라고 거듭거듭 강조했다. …… 프랑스 공산당은 레지스탕스의 무장을 해제하고, 빈사 상태의 경제를 되살리고, 상황을 충분히 안정시켜서 구질서가 숨 돌릴 틈을 줬다. 훗날 프랑스 공산당은 자신들이 달성한 이러한 성과를 매우 자랑스러워했다.[5]

이탈리아의 혁명 물결은 훨씬 더 높았다. 피에르 브루에는 다음과 같이 썼다. "이탈리아에서는 노동자들의 선동이 결국은 파시스트 정권의 토대를 뒤흔들고 베니토 무솔리니의 무덤을 팠다. 노동자들의 선동이 피아트 공장에서 시작됐다는 것은 놀라운 일이 아니다."[6]

거대한 피아트 공장에서 시작된 파업은 총파업으로 발전해 이튿날 정권을 무너뜨렸다. 1년 뒤,

1944년 3월 …… 새롭고 훨씬 더 인상적인 저항이 이탈리아 전역을 휩쓸었다. 이번에 파업 노동자들이 내건 구호는 더 정치적이었으며, 즉시 휴전과 독일을 위한 군비 생산 중단을 요구했다. 파업에 참가한 노동자 숫자는 가장 낙관적인 예측치보다 많았다. 밀라노 지방에서는 노동자 30만 명이 거리로 뛰쳐나왔다. 밀라노 시 자체에서는 전차 노동자들이 3월 1일 파업에 들어갔으며, 노동자들에 대한 테러 때문에 3월 4일과 5일이 돼서야 비로소 어쩔 수 없이 물러섰다. 파업은 공업 삼각지대[밀라노·토리노·제노바]를 벗어나 베네토의 섬유 공장들과, 볼로냐와 피렌체 같은 이탈리아 중부 도시들로 확산됐다. 여성 노동자와 저임금 노동자들이 파업 대열의 선두에 섰다. 3월 첫 주에 수많은 노동자들이 일손을 놓았다.[7]

이탈리아 노동계급의 산업 투쟁, 정치 투쟁, 무장 투쟁은 가차 없이 전개됐다. 그래서 1945년쯤 토리노의 노동계급 지구는 사실상 파시스트와 독일군의 출입금지 구역이 됐다.[8] 결국,

5월 1일 이탈리아 북부 전역이 해방됐다. 해방이 대중의 봉기를

통해 이뤄진 것은 투쟁 참가자들의 기억 속에 지울 수 없는 인상을 남겼고 대다수 지역에서 사람들은 해방을 환영했다. 일부 지역에서는 해방이 심각한 불안을 낳았다. 해방 직후 1만 2000~1만 5000명이 총살당하는 끔찍한 보복이 있었다. 북부의 자본가들은 권력이 파시스트에서 영국·미국 연합군에게 순탄하게 이양되기를 원했다. 그러나 그들의 공장은 점거당하고, 노동자들은 무장했다. 봉기가 시작되고 나서 열흘이 지난 뒤에야 연합군이 도착했다. 더 심각하게 위협을 느낀 일부 자본가들은 연합군이 도착할 때까지 기다리지 못하고 스위스로 도망갔다. 그 뒤 몇 달 동안 자본가들은 사회혁명이 임박했다는 불안감에 떨었다.[9]

사회혁명이 일어나지 않은 이유는 무엇보다도 이탈리아 공산당의 통제 덕분이었다. 브루에는 다음과 같이 썼다.

이탈리아 공산당 ― 소련이 직접 통제하는 코민테른 소속 정당 ― 은 귀족, 변절한 파시스트, 군 장성과 고위 성직자들에게 접근해, 공산당에 정부 각료 자리를 주고 소련과 정식으로 외교 관계를 맺으면 그 대가로 그들을 거리의 압력에서 모두 구해주겠다고 타협안을 제시했다.[10]

프랑스의 토레즈와 마찬가지로, 모스크바에서 오랫동안 머무르다 놀아온 이탈리아 공산당 지도자 톨리아티가 핵심적 구실을 했다. 진스버그는 다음과 같이 썼다.

[1944년 3월] 살레르노에 도착하자 톨리아티는 자기 동료들의 놀라움과 일부 반발을 무릅쓰고 당이 가까운 장래에 추구해야 한다고 생각하는 전략을 개괄적으로 제시했다. 그는 공산당이 군주제를 자주 반대했지만 이제는 그런 태도를 버려야 한다고 말했다. 공산당은 모든 반파시스트 세력을 설득해 왕정에 참여하게 해야 한다는 것이었다. 당시 왕정은 살레르노 이남 이탈리아 전역을 통제하고 있었다. 톨리아티는 정부 참여가 당시의 최우선 목표 — 온 국민이 단결해서 나치와 파시스트에 대항하는 것 — 를 실현하는 첫 단계라고 주장했다. 공산당의 주된 목표는 사회주의 혁명이 아니라 이탈리아 해방이어야 한다는 것이었다.

톨리아티는 가능하다면 전시의 단결이 재건 시기에도 유지돼야 한다고 주장했다. 이러한 대연정은 사회당뿐 아니라 기민당도 포괄해야 했다. 1944년 7월 로마에서 연설하면서 그는 기민당 대열 안에는 "노동자, 농민, 지식인, 청년 대중도 포함돼 있는데, 이들은 우리와 마찬가지로 이탈리아의 민주화와 진보를 원하기 때문에 기본적으로 우리와 똑같은 염원을 갖고 있다"고 말했다.[11]

1944년 4월 톨리아티는 민족해방위원회 소속 정당들에게 국왕에 대한 충성을 맹세하고 바돌리오 원수가 이끄는 정부에 참여하라고 주장했다. 바돌리오는 무솔리니 군대의 총사령관이었고 1935년 아비시니아(에티오피아)를 침공한 이탈리아 군대의 지휘관이었다. 심지어 톨리아티는 바돌리오의 각료가 되기도 했다![12]

독일에서는 혁명 투쟁이 프랑스와 이탈리아보다 훨씬 더 어려웠지만, 독일에서도 혁명이 일어날 수는 있었다. 나치의 탄압 때문에 제3제국에 저항하기가 극히 어려웠던 것은 사실이지만, 이것은 문제의 한 면에 불과했다. 투쟁의 잠재력을 체계적으로 약화시킨 요인은 반나치 진영 내부에도 있었다. 개혁주의적인 사회민주당과 특히 스탈린주의가 지배한 독일 공산당의 참담한 정치적 지도 때문에 독일 노동자들은 좌절과 혼란에 빠졌고 그 덕분에 히틀러는 아무 저항도 받지 않고 권력을 장악할 수 있었다.

1939년 히틀러-스탈린 조약이 체결되자, 나치즘에 맞선 유일한 대중 저항 운동이었던 독일 공산당의 정신은 파탄나고 말았다. 이 점은 게슈타포가 적발한 지하 유인물이 1939년 1만 5922건에서 1940년 1277건으로 급감한 데서 잘 드러난다.

전쟁이 아직 벌어지고 있을 때조차 연합국 전술은 제3제국에 대한 저항을 약화시키고 오히려 암묵적 충성심을 유발하려는 것처럼 보였다. 동유럽에서 스탈린은 '위대한 애국 전쟁'을 수행한다고 주장하면서, 표적을 나치 정권에서 모든 독일인들로 바꿨다. 소련 신문에서 일리야 에렌부르크는 "좋은 독일인은 오직 죽은 독일인뿐"이라는 말을 거듭거듭 되풀이했다. 에덴부르크가 쓴 짧은 글이 생각난다. 소련 병사와 맞닥뜨린 독일 병사가 양손을 번쩍 들고 "나는 대장장이의 아들입니다" 하고 말했다. 자신이 노동계급이라는 사실을 그보다 더 잘 표현한 말이 있을까! 그런데 소련 병사의 반응은 어땠는가? 에렌부르크는 이렇게 썼다. "그 소련 병사는 '너는 독일 놈이므로 독일 놈들이 저지른 범죄에 너도 책임이 있다'고 말하면서 그 독일 병사의 가슴을 총검으로 찔렀다."

독일 병사들은 카이저를 타도한 혁명을 일으켜 제1차세계대전을 끝냈지만, 제2차세계대전 때는 그런 반란을 일으키지 못했다. 왜냐하면 어떤 병사가 얘기했듯이, "우리가 전쟁에서 지는 일은 없을 것이다. 우리가 복수를 당한다면 아주 힘든 시기를 겪을 것"이였기 때문이다.

그러나 독일에도 혁명의 씨앗은 있었다. 제2차세계대전이 끝나자 독일 노동자들은 무거운 억압의 굴레에서 벗어나 자신들의 의사를 제대로 표현할 수 있는 진정한 기회를 맞이했다. 결과는 놀라웠다. 반파시스트 위원회 운동의 거대한 물결이 독일 전역을 휩쓸었고 나치에서 해방되는 지역마다 반파시스트 위원회, 즉 안티파스가 건설됐다. 반파시스트 위원회는 500개가 넘었으며, 노동계급이 압도 다수를 차지했다. 나치 정권이 전복되고 나서 연합국 점령군(동독 지역에서는 소련군, 서독 지역에서는 영국과 미국 군대)이 다시 '질서'를 강요할 때까지의 짧은 기간에 노동자들은 이중의 의미에서 자유를 누렸다. 나치의 폭정이 사라졌을 뿐 아니라, 게슈타포의 지배가 개혁주의적 사회민주당 지도자들과 스탈린주의 공산당의 영향력을 일시적으로 중단시켰기 때문이다.

반파시스트 위원회는 폭발적으로 증가했다. 라이프치히(동독)에서는 4500명의 활동가와 15만 명의 지지자를 확보한 38개 지역 위원회가 활동했다. 전쟁으로 말미암은 파괴와 혼란 와중에도(예컨대, 인구가 70만 명에서 50만 명으로 줄었다), 1945년 메이데이 시위에 10만 명이나 참가했다. 주택의 55퍼센트가 주거 불능 상태였고 인구의 3분의 1이 도시를 떠나버린 브레멘(서독)에서는 4265명의 활동가가 참여한 14개 지역 단체가 있었다. 2주 뒤 그수는 6495명으로 불어났다. 많은 반파시스트 위원회는 작업장에서 조직됐다. 해방 직후 중부 루르에서는 56개 광산과 그 밖의 많은 기업들에서 파견된 360명의 대표가 참여한 작업장 대표자 회의가 열렸다.

반파시스트 위원회는 나치즘을 철저하게 분쇄하려 했다. 나치 활동가들의 숙청을 요구하는 파업이 일어났다. 브레멘과 그 밖의 지역에서는 나치 노조인 독일 노동전선의 건물들이 접수됐다. 강제수용소에서 살아 돌아온 사람들은 나치 활동가들의 집을 차지했으며, 가장 악명 높은 나치 활동가들은 정부에 인계됐다. 슈투트가르트의 상황은 이보다 더 나아가 독자적인 '혁명 재판소'가 설립됐다.

자주적으로 활동하는 노동자들만이 나치즘을 영원히 제거할 수 있을 것이라는 생각이 널리 퍼졌다. 보훔의 프린츠 레겐트 광산 노동자들은 정치 총파업을 호소했고 "적군赤軍 만세!"라는 구호를 제창했다. 그들이 말한 적군은 소련 군대가 아니라 1918~1923년 독일 혁명 때의 봉기군을 가리키는 것이었다. "미래 국가에서는 과거와 달리 더는 고용주들이 없을 것이다. 우리 모두 기업을 우리 것으로 여기고 우리 스스로 기업을 운영해야 한다"는 주장까지 나왔다. 일부 지역에서 노동자들이 공장을 접수하자 경영진이 도주했다. 반파시스트 위원회는 독자적인 공장 민병대를 구성했고 경찰서장과 시장을 자신들이 지명한 사람들로 교체했다. 슈투트가르트와 하노버의 상황은 일종의 '이중권력' 상황이었다. 즉, 반파시스트 위원회는 독자적으로 경찰을 구성하고 지방정부의 요직을 대부분 차지하고 식량 공급 같은 핵심 서비스를 실시하기 시작했다.

어떤 미국 관리는 그 상황을 목격하고 다음과 같이 썼다.

> 나치 정부 몰락 직후 여러 지역에서 등장한 반나치 연합 전선 운동은 이름도 서로 다르고 서로 연관성도 전혀 없어 보였다.

…… 이러한 단체들은 서로 접촉하지 않았지만, 조직 방식과 강령은 놀라우리만큼 비슷하다. 이 단체의 결성을 주도하는 사람들은 나치 지배 기간에 활동하면서 이렇게 저렇게 서로 연락을 주고받았던 듯하다. …… 나치 고발, 나치의 불법 지하 활동을 막으려는 노력, 민간 당국과 사기업의 탈나치화, 주택 보급과 식량 공급의 개선 — 이것들은 모두 새로 만들어진 단체들의 주된 관심사다. …… 결론적으로 말해서, 이 단체들은 나치 정권이 존속하는 동안 힘을 쓸 수 없었던 반나치 저항 세력들의 자발적 결집을 보여 준다고 할 수 있다.

그의 목격담은 더 나아가 좌파의 활동과 우파의 활동을 대비시킨다. 좌파는 나치즘의 흔적을 모두 없애는 것이 새로운 출발의 전제 조건이라고 강조한 반면, 우파는 "히틀러 정권의 폐허에서 아직도 쓸 만한 것이 있다면 무엇이든 보존하려 애쓰고 있었다."
안타깝게도 반파시스트 위원회는 점령군(소련 군대 포함)뿐 아니라 노동자 운동 내 스탈린주의자들의 반대에도 부딪혔기 때문에 각 지역에서 몇 주 동안만 존재할 수 있었다. 점령군은 각 지역을 장악하자마자 반파시스트 위원회를 금지했다. 이 점은 서독뿐 아니라 소련이 통제한 동독 지역도 마찬가지였다. 반파시스트 위원회는 두 노동자 당의 묵인 아래 해산됐다. 얄타 협정이 체결된 뒤 스탈린주의 독일 공산당은 서독 주둔 연합군이 자신들의 세력권을 통제할 권리를 고스란히 인정했고 동독에서는 노동자들의 독자적 행동을 용인하지 않았다. 서독에서 개혁주의적 사회민주당은 혁명을 촉진시키는 데는 관심이 없었다. 그래서 반파시스트 위원회가 활동한 시기는 극히 짧았다. 1945년 봄에 각 지역에서 겨우 몇 주 정도 활동했을 뿐이다. 그럼에도 반파시스트 위원회는 대체로 스탈린주의가 위와 아래에서 봉쇄한 노동자 권력의 가능성을 보여 줬다.[13]

6장
결론

트로츠키가 예측한 대로, 스탈린 체제가 제2차세계대전에서 살아남지 못했다면, 프랑스와 이탈리아의 스탈린주의 정당들도 자국의 자본주의 질서를 보존하는 데서 큰 힘을 쓰지 못했을 것이다. 마찬가지로, 독일 노동계급도 히틀러 몰락 이후 마비되지 않았을 것이다.

국가자본주의가 살아남자 서방 자본주의도 살아남았다. 왜냐하면, 혁명을 피하는 것이 둘 다에게 모두 이로운 것이었기 때문이다. 그러나 이 체제는 서로 싸우는 형제들로 이뤄진 체제이므로 전시의 연합국은 곧 엄청나게 낭비적인 군비경쟁, 즉 냉전 상태로 들어갔다. 이것이 서방에서 작동한 상시 군비 경제의 토대였다.

소련 스탈린 체제의 존속과 중국·쿠바의 빗나간 연속혁명 사이의 연관은 더 분명하다. 마오쩌둥 군대가 오랫동안 일본 제국주의에 맞서 싸우고 장제스의 국민당과도 맞서 싸우도록 영감을 불어넣었던 것은 강력한 소련의 존재였다. 스탈린주의 정당들과 제3세계의 신생국 정부들에게 영감을 불어넣고 그들이 본뜨려 한 모델이 됐던 것은 스탈린 치하 후진국 소련의 강제적이고 급속한 공업화였다. 식민지의 토착 친자본주의 세력과 연합하는 스탈린주의 정책 때문에 제국주의는 노동자 혁명으로 전복되지 않았다. 제국주의는 흔히 식민지를 정치적으로 지배하지 않고도 경제적 지배력을 유지할 수 있게 됐다. 국가자본주의 정책을 추진한 나라들은 소련 진영과 동맹을 맺었지만, 그 나라의 노동자들은 여전히 자본가에게 착취당하고 억압당하는 처지를 벗어나지 못했다.

따라서 소련 스탈린 체제의 운명에 대한 트로츠키의 예측이 실현되지 않은 이상, 그가 했던 나머지 예측, 즉 후진국뿐 아니라 선진 자본주의 나라들의 상황 전개에 대한 예측도 실현되지 못했다.

국가자본주의, 상시 군비 경제, 빗나간 연속혁명이라는 세 가지 이론은 제2차세계대전 이후 인류의 상황 변화를 파악하는 데서 하나의 총체를 이룬다. 이 이론들은 전체적으로는 트로츠키주의의 올바름을 확인해 주면서도 부분적으로는 트로츠키주의를 부정하는 것이다. 살아있는 이론으로서 마르크스주의는 언제나 존속돼야 하는 동시에 변해야 한다. 그러나 이 세 이론이 처음부터 하나의 총체로서 인식되거나 어느 날 갑자기 만들어진 것은 아니다. 그것은 각각 지구상의 세 지역, 즉 소련과 동유럽, 선진자본주의 공업국들, 제3세계의 경제적·사회적·정치적 발전 상황을 오랫동안 탐구한 결과였다. 탐구 과정은 계속 서로 넘나들었다. 그러나 탐구 과정이 끝날 때에야 비로소 여러 탐구 영역 사이의 상호 관계가 분명히 드러났다. 산꼭대기에 올라가야만 정상에 이르는 여러 등산로가 한눈에 보이듯이, 이렇게 유리한 위치에서 볼 때 분석은 하나로 종합돼 마르크스주의 변증법의 진가가 드러나는 것이다.

엄청난 불균등성이 세계를 분열시킨다는 것과 함께 세계의 경제구조, 사회·정치에서 일어난 실질적 변화를 이해하면, 혁명가들이 변화 과정에 참여할 수 있는 실질적이고 구체적인 가능성을 포착할 수 있다.

오늘날 소련과 동유럽의 스탈린 체제는 무너지고 없다. 세계 자본주의의 동력이 상시 군비 경제인 것도 아니다. 제3세계에서 국가자본주의 경제성장 노선은 포기됐다. 세계경제가 갈수록 통합돼 국가자본가 구실을 하려는 토착 지배계급이나 집단의 운신 여지가 좁아졌기 때문이다. 전 세계, 즉 동방과 서방과 발전도상국에서 수많은 노동자가 해고당한다. 수많은 실업자가 갈수록 늘어나는 억만장자들과 나란히 살고 있다.

소련을 국가자본주의로 규정한 이론, 전후 선진자본주의 나라들의 경제 호황을 상시 군비 경제로 설명한 이론, 제3세계에서 마오쩌둥주의의 성공을 해명한 빗나간 연속혁명론, 이 세 이론은 오늘날의 마르크스주의자들과는 무관하게 보일 수도 있다. 그러나 그렇지 않다.

우선, 사상은 흔히 그 사상을 탄생시킨 물질적 조건들이 사라진 뒤에도 오랫동안 살아남는다. 물에 돌을 떨어뜨리면 생기는 잔물결은 그 돌이 물속으로 완전히 가라앉은 뒤에도 지속된다.

따라서 스탈린 체제에 대한 환상은 스탈린주의를 지지하는 사람들과 반대하는 부르주아 인사들 모두에게 여전히 남아 있다. 노동자 민주주의가 없더라도 산업의 국가 소유와 경제 계획만 있으면 곧 사회주의라는 생각은 아직도 살아 있다.

많은 사람들이 케인스주의를 매력적인 대안으로 여기게 된 것은 제2차세계대전 이후의 완전고용 또는 완전고용에 가까운 상황이었다. 상시 군비 경제 이론은 케인스주의와 다르게 당시 상황을 설명할 수 있는 유일하게 진지한 마르크스주의적 대안이었다. 케인스주의는 아직도 살아서 맹위를 떨치고 있고 오늘날 자유시장 경제학의 대안 이론으로 제시되고 있다.

마오쩌둥주의 사상은 특히 제3세계에서 여전히 매력을 잃지 않고 있다. 체 게바라의 이미지는 여전히 라틴아메리카에서 커다란 호응을 얻고 있다. 혁명적 마르크스주의자들이 이끄는 사회주의 투쟁 속에서 스스로 조직하는 노동계급만이 혁명을 달성할 수 있다는 사상은 민족해방운동에서 별로 인기가 없었다.

앞의 세 이론을 탐구해야 하는 또 다른 이유는, 그 이론들이 마르크스주의 전통의 본질·연속성과 관계가 있기 때문이다. 트로츠키가 말했듯이, 혁명 정당은 노동계급의 기억이다. 트로츠키가 살아 있을 때 이 기억, 즉 운동의 실질적 연속성은 수많은 사람들로 구현됐다. 이것은 구체적 수치로 알 수 있다.

제1인터내셔널은 비교적 대규모 조직들로 구성됐고, 제1인터내셔널 해산과 제2인터내셔널 창립 사이에 약 20년의 공백 기간이 있었지만, 제1인터내셔널에 가입했던 많은 사람들이 제2인터내셔널에 가입했다. 제3인터내셔널(공산주의 인터내셔널, 즉 코민테른)은 제2인터내셔널 내부에서 커다란 분열이 일어나 결성됐다. 1919년 9월 이탈리아 사회당은 볼로냐 당대회에서 표결 끝에 코민테른 가입을 결정해 코민테른의 대오에 30만 명을 추가했다. 독일에서도 1917년 사회민주당에서 분리한 독립사회민주당이 코민테른에 가입하기로 결정해 30만 명을 더 보탰다. 1920년 프랑스 사회당의 가입으로 코민테른 대오는 14만 명이 더 늘었다. 1919년 6월 불가리아 사회당의 코민테른 가입으로 3만 5478명이 더 늘었다. 또 다른 대중정당이었던 유고슬라비아 사회당도 가입했다. 1920년 12월 체코슬로바키아 사회민주당에서 분리한 공산주의 좌파 그룹은 사회민주당 당원의 절반 이상을 획득해 35만 명 규모의 공산당을 창당했다. 독일어 사용자 소수파도 사회민주당에서 떨어져 나왔는데 이들도 나중에 공산당에 합류하자 체코슬로바키아 공산당 당원은 40만 명으로 늘었다. 1919년 봄 노르웨이 노동당이 코민테른에 가입했다. 스웨덴에서는 사회당이 분열해 다수파가 코민테른에 가입해 코민테른 대오가 1만 7000명 더 늘었다.[1]

슬프게도 1920년대 초 레닌과 트로츠키의 코민테른과 1930년대와 제2차세계대전 이후의 트로츠키주의 운동 사이에는 개별 혁명가들의 측면에서 연속성이 거의 없었다. 스탈린의 엄청난 영향력과 히틀러에 대한 두려움 사이에서 짓눌린 트로츠키주의 조직은 언제나 대중운동의 주변부를 맴도는 아주 작은 그룹이었다. 그래서 히틀러 승리 직전 베를린에서 활동하던 트로츠키주의자들은 겨우 50명이었다![2] 1936년 스페인 혁명에도 불구하고 1938년 9월 제4인터내셔널 창립 대회에서 보고된 스페인 지부 조직원은 10~30명 정도였다![3]

제1인터내셔널, 제2인터내셔널, 제3인터내셔널은 노동계급이 전진하는 시기에 탄생했다. 트로츠키주의 조직들은 노동계급 역사의 비참한 시기, 즉 나치즘과 스탈린주의가 승리한 시기에 탄생했다. 거의 60년 동안 트로츠키주의가 고립되고 무기력했던 이유, 따라서 트로츠키주의자들이 길을 잃곤 했던 이유를 알지 못하면, 미래에 대해서 완전히 비관적인 결론에 이를 수밖에 없을 것이다. 과거를 이해하면, 마르크스주의 연속성을 잇는 연결

고리로서 트로츠키주의의 진가를 분명히 알 수 있다.

혁명적 마르크스주의, 트로츠키주의의 전진을 가로막는 거대한 방벽이었던 스탈린주의는 이제 무너졌다. 선진국 자본주의는 더는 성장하지 못하고 있으며, 따라서 1938년 과도 강령[이행기 강령]에 나오는 말, 즉 "체계적 사회 개혁과 대중의 생활수준 상승은 논할 여지조차 없다"는 말이 다시 현실과 부합하고 있다.[4] 트로츠키가 주장한 고전적 연속혁명론은 1998년 인도네시아 혁명이 보여 주듯이 다시 일정에 올랐다.

앞의 세 이론은 기존 체제, 즉 자본주의가 겉모습을 다양하게 바꿔 가면서도 한동안, 오랫동안 유지된 이유를 설명해 준다. 그와 동시에, 이러한 자본주의의 안정성을 약화시키는 과정도 항상 지적했다. 이러한 과정은 한동안 아주 미세한 수준에서 진행돼 겉으로는 거의 드러나지 않았다. 그러나 양질 전화는 결국 일어나기 마련이고, 체제 전체는 위기와 불안정에 시달리기 마련이다. 따라서 마르크스가 얘기했듯이, 인류는 "자리에서 벌떡 일어나 크게 기뻐하며 '늙은 두더지가 땅을 용케도 잘 팠구나!' 하고 소리칠 것이다."[5]

부록 1

폭풍우를 헤쳐 나간 조타수

크리스 하먼[*]

지난 4월 9일[이 글은 2000년 클리프 사망 당시 쓴 추도사다] 죽은 토니 클리프는 몇 세대의 사회주의자들에게 영감을 주었다. 그의 놀라운 활력, 모든 억압에 대한 증오, 사상의 명료함이 그 영감의 원천이었다.

클리프는 옛 러시아 제국을 탈출한 유대인 이주민의 아들로 1917년에 팔레스타인에서 태어났다. 그는 나치가 독일에서 막 권력을 잡았을 때인 열네댓 살 무렵에 정치와 관계를 맺었다. 그는 나치즘의 공포와 맞서야 했다. 유럽에 살던 클리프 친척들은 대

---

[*] 영국 사회주의노동자당(SWP) 중앙위원이자 좌파 주간지 〈소셜리스트 워커〉와 좌파 이론지 《인터내셔널 소셜리즘》의 편집자로 일했다. 2009년 카이로에서 이집트 시민사회단체들이 개최한 포럼에 연사로 참가하던 중 심장마비로 사망했다. 국내 번역된 저서로는 《민중의 세계사》(책갈피)를 비롯해 《크리스 하먼의 마르크스 경제학 가이드》(책갈피) 등 10여 권이 있다.

부분 나치 수용소에서 죽었다. 그는 자본가들이 히틀러 집권을 후원하고 있다는 점을 알게 되면서 혁명적 사회주의자가 됐다.

그러나 클리프는 사회주의 단체를 자처하는 주요 조직들이 더 나은 세계를 위한 투쟁을 포기했다는 점도 알게 됐다. 처음에 독일 사회민주당은 자기 당원들에게 히틀러와 싸우지 말라고 지시했다. 히틀러가 독일 헌법을 준수하고 있기 때문이라는 것이었다. 소련 스탈린의 지령을 따르던 독일 공산당은 히틀러가 진정한 위험이 아니라고 주장했다. 공산당은 물이 엎질러진 다음에야 이런 주장을 철회했다.

클리프는 더 나은 세계를 위해 싸우는 유일한 방법은 망명 중인 러시아 혁명 지도자의 호소를 따르는 것이라고 생각하기 시작했다. 그 사람은 레온 트로츠키였고, 그 방법은 자본주의와 소련을 지배하는 관료 모두에 반대하는 것이었다. 클리프는 억압에 맞서 싸우려면 당시 영국 식민지였던 팔레스타인의 시온주의 이주민들의 사상에도 도전해야 한다는 점을 깨달았다. 시온주의 노동조합인 히스타드루트는 아랍인들에게 일자리를 주지 못하게 하는 정책을 추구했다. 좌파 시온주의자들은 영국 제국과 힘을 합쳐 팔레스타인의 아랍 주민들을 억압하는 것이 유럽의 유대인 억압에 대한 해결책이라고 주장했다.

초기 시절에 관한 클리프의 정치적 기억 가운데 하나는 한 좌파 집회에서 그가 유대인 노동자들에게 아랍 노동자들과 단결하라고 호소했다가 구타당한 일이었다. 클리프가 식민주의를 반대했기 때문에 팔레스타인의 영국 당국은 제2차세계대전 동안 그를 감옥에 가두었다.

세계의 3분의 1을 지배하는 제국의 중심부에서 사회주의를 위해 싸우기로 결심한 클리프는 전쟁이 끝나자 영국으로 건너갔다. 당시 노동당 정부는 그를 아일랜드로 추방하는 관대함을 보였다! 1950년대 초에 보수당이 재집권하고 나서야 비로소 그가 런던에 있던 가족과 함께 사는 것이 허용됐다. 이 무렵 그는 마르크스주의 이론에 놀라운 기여를 했다. 당시 서방과 제3세계의 자본주의 반대자들은 99퍼센트 이상이 소련과 그 밖의 동유럽 진영 나라들을 사회주의로 여기고 있었다. 1940년에 스탈린이 보낸 자객에게 암살당한 트로츠키의 지지자들조차 이 나라들이 "변질된 노동자 국가"라는 트로츠키의 견해를 계속 고집하고 있었다. 클리프 자신도 처음에는 이런 견해를 옹호했지만, 그것이 소련의 실상에 맞지 않으며, 마르크스·엥겔스·레닌의 글에서 발견되는 국가관에도 맞지 않는다는 점을 깨닫게 됐다. 클리프는 사회주의자들이 현실과 맞서기를 주저하지 않고 일관되게 착취와 억압에 맞서 싸우려면 소련에 대한 완전히 새로운 견해가 필요하다는 결론을 내렸다. 그는 겨우 서른 살에 ≪소련 국가자본주의≫라는 개척자적인 책을 써서 그러한 견해를 제공했다. 그는 나중에 쓴 글들에서 그의 분석을 동유럽과 중국, 그리고

'사회주의'를 자처하는 제3세계 대다수 새 정권들로 확대했다.

그러나 클리프는 이 정권들이 사회주의 정권이 아니라는 점을 폭로하는 데 그치지 않았다. 그는 이 사회들이 조지 오웰의 소설 ≪1984년≫이 묘사한 것처럼 어떠한 저항도 성공할 수 없을 만큼 정권이 강력하게 통제하고 있다는 생각에도 도전했다. 클리프는 소위 '공산주의' 나라들이 또 다른 형태의 자본주의에 불과하다는 점을 보여 주었다. 이 나라들에서는 국가가 유일한 지배자라는 것이었다. 다른 모든 형태의 자본주의와 마찬가지로 그 체제는 대규모 노동계급을 만들어 냈고, 그 노동계급은 사회를 뒤흔들 수 있는 잠재력이 있었다. 1956년 헝가리에서, 그 뒤 체코슬로바키아와 폴란드에서, 그리고 결국은 소련 자체에서 그런 일이 일어났다. "미국도 소련도 아니다"라는 그의 구호 덕분에 사회주의자들은 고통스러운 냉전기에 서로 경쟁하는 두 제국주의의 압력에 저항하는 수단을 지닐 수 있었다. 또한 사회주의자들은 그의 구호 덕분에 베를린 장벽이 무너지고 결국 소련이 붕괴했을 때 끔찍한 환멸에 시달리지 않아도 됐다.

클리프는 소련 국가자본주의에 대한 분석과 나란히 서방 자본주의에 대한 중요한 분석도 내놓았다. 사회주의자들은 1950년대와 1960년대에 자본주의가 더는 불황을 겪지 않게 되자 놀랐다. 클리프는 체제가 안정됐다는 점을 인정했지만, 이것이 대량 파괴 무기를 축적하는 미친 짓 덕분이라고 주장했다. 그는 이것이 결국 다시 지독한 경제 위기에 빠지는 것을 막지는 못한다고 주장했고, 그 주장이 옳았음이 입증됐다. 1974~1975년, 1980~1981년과 1990년대에 서방 경제는 다시 위기에 빠졌다.

1950년대에 소련과 서방 자본주의 모두에 대한 환상은 너무나 극심했다. 클리프는 자신의 사상을 경청하는 사람들이 매우 적다는 사실을 받아들여야 했다. 그가 건설한 조직은 회원이 수십 명밖에 안 됐다. 그래도 클리프는 영국의 끝에서 끝을 오가며 집회에서 연설하고 다녔다. 그는 생애 말년 마지막 몇 달 전까지 줄곧 이런 생활을 계속했다. 1961년에 왓퍼드에서 열린 수십 명짜리 집회에서 했던 연설은 나 같은 젊은 사회주의자들에게는 정말이지 뜻밖의 사건이었다. 냉전기에 체제의 양쪽을 분석하고 어떻게 그것에 맞서 싸울 수 있는지를 설명할 수 있는 사람이 거기에 있었던 것이다.

미국에서 학생운동과 반전운동이 일어났고, 프랑스에서 총파업이 일어났으며, 체코슬로바키아에서 반란이 일어난 1968년은 전환점이었다. 수많은 사람들이 체제에 의문을 던지기 시작했고, 클리프는 많은 경청자를 만나기 시작했다. 그의 조직인 국제사회주의자들IS은 학생들 속에서 급속하게 성장했다. 그 무렵인 1969년에 노동당 정부는 노동악법을 제정하려 했다. 클리프는 이미 직장위원들을 겨냥해 임금 통제 정책의 위험을 다룬 소책자를 출판한 바 있었다. 그 소책자는 2만 부가 팔렸다.

그는 곧이어 생산성 협정을 다룬 책을 내놓았고, 새로운 학생 사회주의자들이 공장과 광산과 부두에 가서 노동조합에 관해 주장하도록 고무했다. 그는 또한 이녹 파월[1950~60년대 보수당 정부에서 장관을 역임한 우파 정치인]이 흑인과 아시아계 주민들을 거듭 공격하는 것을 추종하는 인종차별 물결에 대항하는 사회주의자들의 운동을 조직했다. 국제사회주의자들은 1974년 히스의 보수당 정부가 퇴진함으로써 절정에 달한 몇 년간의 파업과 항의 시위 속에서 성장했다. 클리프는 농담과 일화와 은유를 사용해 추상적 사상을 구체적으로 설명하는 놀라운 능력 덕분에 많은 활동가들에게서 존경을 받았다.

그러나 1974년부터 노조 지도자들이 새 노동당 정부와 사장들에게 협력하면서 작업장의 소요도 가라앉았다. 사용자들은 투사들의 정치적 혼란을 이용해 노동자 조직들에 반격을 가하기 시작했다. 1979년에 선출된 마거릿 대처는 그 4년 전에 노동당 정부 장관들의 묵인 하에 시작된 [신자유주의적] 조처들을 이어받아 마무리했다.

클리프는 다시 한 번 현실을 직시했다. 영국 좌파 가운데 그는 투쟁의 고양기가 끝나고 '침체기'가 새로 시작됐다는 점을 깨닫고 주장한 최초의 인물 중 하나였다. 그 덕분에 사회주의노동자당SWP(국제사회주의자들의 새 이름)은 철강 노동자들, 광부들, 와핑의 인쇄 노동자들이 패배한 1980년대의 어려운 시기에 대처할 수 있었다. 이 시기에 클리프는 결코 활동을 늦추지 않으면서도 따로 시간을 내어 레닌과 트로츠키 전기를 완성했다.

클리프는 노동당에 가입해 좌파 인사를 선출하는 것이 승리의 지름길이라는, 1980년대 초에 좌파들 사이에서 유행했던 생각에 반대했다. 그는 반드시 투쟁이 부활할 것이라고 말했다. 그는 생애의 마지막 10년 동안 영국, 이탈리아, 독일, 그리고 무엇보다 프랑스에서 국제적으로 새로운 정치적 반감이 커지면서 그러한 조짐을 목격했다.

사회주의 사상의 새로운 경청자들이 생겨났고, 클리프는 다시 사회주의 사상에 관해 연설하는 일에 투신했다. 그는 우리가 대규모 혁명적 사회주의 조직을 건설하지 못하면 체제 위기가 만들어 낸 반감이 1930년대처럼 파시스트 세력의 성장으로 이어질 것이라고 거듭 주장했다. 그는 사망하기 겨우 3주 전에 SWP의 신입 당원 학교에서 21세기에 사회주의 조직들이 직면한 과제들에 관해 연설하면서 사회주의자들에게 영감을 주었다.

그러나 그는 영국에서만 영감을 준 것은 아니다. 대다수 선진 자본주의 나라들과 한국·짐바브웨·터키·폴란드 같은 나라에도 클리프가 발전시킨 사상에 바탕을 둔 사회주의 조직들이 존재한다. 이 모든 나라 조직의 사회주의자들은 클리프가 사망했다는 소식에 충격을 받고 슬퍼할 것이다. 이 모든 나라 조직에서 우리는 그의 두뇌와 단호함이 너무도 그리울 것이다. 그러나 이 모든 나라 조직에서 우리 사회주의자들은 그가 70년 동안 벌인 투쟁에서 더 나은 세계를 위한 우리의 투쟁을 배가할 수 있는 영감을 얻게 될 것이다.

부록 2

토니 클리프를 회상하며

이언 버철[◆]

10년 전 이 달[이 글은 2010년 4월에 쓰였다] 어느 일요일 밤 늦게 전화 한 통을 받았다. 토니 클리프가 죽었다는 전화였다. 나는 클리프의 나이가 82세였고 얼마 전에 큰 심장수술을 받았다는 사실을 알고 있었다. 그럼에도 나는 [클리프를 알고 지낸 지] 거의 40년 만에 이제 다시는 클리프가 이런저런 사건들을 이러쿵저러쿵 평가하는 소리를 들을 수 없게 됐다는 사실을 깨닫고 엄청난 충격을 받았다. 나는 클리프의 평가에 동의하지 않을 때도 있었지만 항상 그 평가를 존중했다. 클리프의 평가는 놀라운 정치적

[◆] 영국의 마르크스주의 역사가이자 사회주의노동자당 당원이다. '런던 사회주의 역사가 그룹'의 회원이고, 영국 미들섹스대학교에서 프랑스학을 가르쳤다. 특히 프랑스의 운동과 좌파에 대한 글을 많이 썼다. 국내 번역된 저서로는 ≪서유럽 사회주의의 역사≫(갈무리), ≪삐딱이들을 위한 레닌 가이드≫(다함께) 등이 있다.

통찰에 바탕을 두고 있었기 때문이다.

지난 10년 동안 많은 사람들이 사회주의노동자당SWP에 가입하거나 우리와 함께 활동했다. 그들은 클리프가 누군지 몰랐고 아마 왜 나이 많은 동지들이 그토록 존경과 애정을 담아서 클리프에 대해 이야기하는지 약간 의아했을 것이다.

클리프(본명은 이가엘 글룩스타인이다)는 1917년 팔레스타인에서 태어났다. 러시아계 이주민의 아들이었던 클리프는 시온주의자 중간계급 가정에서 자랐다. 그러나 곧 시온주의에 의문을 품기 시작했다. 왜 끔찍한 억압의 피해자인 유대인들이 아랍인들을 억압하는 자들이 됐는가? 클리프는 10대 초반부터 정치에 적극적이었는데, 처음에는 좌파 시온주의 '마르크스주의 서클'에서 정치 활동을 시작했다. 1938년에 그는 트로츠키주의 운동을 접했고 제4인터내셔널 [팔레스타인] 지부를 건설하기 시작했다.

제2차세계대전이 발발하자 클리프는 감옥에 갇혔다가 석방되자마자 유대인들과 아랍인들을 모두 회원으로 받아들이는 국제주의 조직을 건설하려고 노력했다. 당시 그의 동지들 중 한 명이 뛰어난 아랍 지식인 자브라 니콜라Jabra Nicola였다. 클리프는 또, 남아프리카공화국에서 온 이주민 하니 로젠버그도 조직에 가입시켰다. 그 후 45년 동안 하니는 클리프의 아내로서 끝없는 동지애와 도움으로 클리프의 성취에 결정적 기여를 했다.

1946년 무렵 시온주의 국가 수립은 피할 수 없는 것처럼 보였다. 클리프는 제국주의의 변방이 아니라 중심부에서 제국주의에 맞서 싸우고자 영국으로 가기로 결심했다. 당시 영국 당국은 클리프를 결코 환영하지 않았다. 그는 4년 동안 아일랜드에서 살아야 했지만, 혁명적공산당RCP 활동에 뛰어들었다.

당시 트로츠키주의 운동은 위기를 겪고 있었다. 전쟁 전에 트로츠키가 했던 예측들은 틀렸음이 드러났다. 즉, 자본주의 경제는 회복됐고 소련 제국은 동유럽으로 확장됐다. 클리프가 썼듯이, 트로츠키주의자들은 마치 런던 지하철 노선도를 들고 파리 지하철역에서 길을 찾아 헤매는 사람들과 비슷했다.

클리프는 소련이 국가자본주의 체제라는 결론에 이르렀다. 1950년대에 그는 이 분석을 더욱 발전시켜서 소련·동유럽·중국을 다룬 책들을 펴냈다. 클리프를 지지하는 사람들이 트로츠키주의 운동에서 쫓겨나자 클리프는 소수의 동지들을 모아 ≪소셜리스트 리뷰≫ 그룹으로 재조직했다. 이 그룹의 신문은 (다행히도) 매달 발행됐지만, 10년 동안 조직원 수는 100명도 채 안 됐다.

그러다가 1960년쯤 핵무기철폐운동CND이 한 세대를 급진화시켰다. 그들은 부모 세대가 겪은 패배를 경험하지 않은 사람들이었고, 미국과 소련 둘 다에서 독립적인 사회주의 사상을 개방적으로 대했다. 클리프의 사상은 새로운 청중을 만났고, ≪소셜리스트 리뷰≫ 그룹이 이름을 바꾼 국제사회주의자들IS은 수백 명짜리 조직으로 성장했다.

1964년 윌슨 정부는 소득정책[임금·가격 통제 정책]을 이용해서 노동조합을 길들이기 시작했다. 클리프는 그동안 쓰고 있던 책 두 권의 집필을 중단하고 콜린 바커와 함께 [소득정책을 비판하는] 소책자를 펴냈다. 산업 현장의 투사들을 겨냥한 그 소책자는 수천 부나 팔렸다.

드디어 1968년이 찾아왔다. 세계 전역에서 학생 반란이 분출했다. 프랑스에서는 노동자 1000만 명이 파업에 참가했다. 그 파업은 노동계급이 사라졌다거나 [자본주의 체제에] 매수·포섭됐다는 주장이 틀렸음을 보여 주었다. 그러나 프랑스 공산당은 투쟁을 억제했고, 다른 정치적 대안은 존재하지 않았다. 클리프가 얻은 교훈은 분명했다. 즉, 지금이야말로 공개적인 혁명 정당을 건설할 때라는 것이었다.

그 뒤 몇 년 동안은 대규모 투쟁이 잇따르면서 엄청나게 바빴다. 1972년 광원 파업은 버밍엄 금속 노동자들의 대규모 피케팅 지원에 힘입어 승리를 쟁취했고, 보수당이 만든 노동 악법 때문에 감옥에 갇혔던 항만 노동자들은 총파업 위협 덕분에 풀려날 수 있었고, 1974년에는 제2차 광원 파업으로 히스 정부가 무너졌다. 클리프는 쉬지 않고 뛰어다녔다. 생산성 협정을 다룬 클리프의 책은 2만 부 가까이 팔리면서, 노동자들의 IS 가입과 공장 지부 건설에 기여했다.

1977년 IS는 SWP가 됐다. SWP는 반나치동맹ANL을 출범시키는 데서 핵심적 구실을 했고, ANL은 1970년대 말 극우파의 성장을 억제하는 데 일조했다. 그러나 노동계급의 투쟁성은 사그라지고 있었다. 클리프와 가까운 많은 동지들조차 완강하게 반대했지만, 클리프는 투쟁이 "하강"하고 있고 그래서 1970년대에 번창했던 현장 조직 같은 조직 형태는 더는 적합하지 않다고 주장하기 시작했다. 그러나 1984년 광원 파업이 시작되자 클리프는 다시 한 번 쉬지 않고 뛰어다녔다. 그 파업이 패배하면 노동계급이 한 세대 동안 후퇴할 수 있음을 알고 있었던 것이다.

클리프의 저술 활동은 계속됐다. 그는 영국 노동운동을 다룬 책을 두 권 썼고(아들인 도니 글룩스타인과 함께 썼다) 네 권짜리 트로츠키 전기도 썼다. 클리프는 말년에 중병에 시달렸는데도 조직 일에 깊이 관여하기를 멈추지 않았다.

그러면 왜 클리프가 중요한가? 국가자본주의 이론, 이와 연관된 상시 군비 경제론, 후진국의 [빗나간] 연속혁명론을 발전시키고 두꺼운 레닌 전기를 쓰는 등 클리프의 이론적 기여는 대단했다.

그는 죽기 전에 쓴 얇은 책 《트로츠키 사후의 트로츠키주의》에서 자신의 이론적 기여를 다음과 같이 요약했다. 구체적 내용들보다 방법이 더 중요하다. 즉, "변화를 멈추는 순간 마르크스주의는 생명을 잃는다." 클리프는 마르크스주의의 핵심, 즉 노동계급의 자기 해방을 군건하게 고수해야 하지만 그와 동시에 마르크스주의 이론은 현실 변화에 비추어서 끊임없이 수정돼야 한다는 것을 보여 주었다.

　클리프는 단지 이론가가 아니었다. 그는 학술적 마르크스주의를 경멸했다. 클리프에게 이론은 끊임없이 실천과 연결되지 않으면 아무짝에도 쓸모없는 것이었다. 클리프는 또, 탁월한 선전가이기도 했다. 나는 클리프 전기를 쓰려고 준비하면서 수십 명의 동지들을 만나 클리프에 대한 첫 인상을 물어 보았다. 그들의 처음 반응은 클리프의 외모가 인상적이라는 것이었다. 차림새는 꾀죄죄했고, 머리는 어지러운 산발이었다는 것이다. 그러나 그들은 클리프의 뛰어난 연설 재능에도 놀랐다고 말했다. 클리프는 연설할 때 모든 규칙을 무시했지만, 그럼에도 그가 참석한 모임은 한 편의 연극을 상연하는 것 같았다. 그런 모임에서 클리프는 모든 사람들을 고무하고 분석하고 즐겁게 했다. 그는 복잡한 정치적 주장을 요약해서 농담이나 이미지로 잘 표현했다. 예컨대, 우리가 노동당을 변화시키기 위해 노동당에 가입해야 한다는 주장을 일축하면서 그는 다음과 같이 말했다. "외바퀴 손수레 안에서 팔짝팔짝 뛰면서 그 손수레를 몰고 갈 수는 없는 법이다."

　그와 동시에 클리프는 세부 사항에도 끊임없이 주의를 기울였다. 당내에서 주요 직책을 맡아 본 동지들은 클리프가 날마다 전화를 걸어서 일이 어떻게 진행되고 있는지를 점검했던 경험이 있을 것이다. 그는 집회 조직자들에게 의자를 너무 많이 놓지 말라고 일러주곤 했다. 의자가 부족해야 집회 분위기가 좋다는 것이었다.

클리프는 외골수 기질이 두드러진 사람이었다. 그는 혁명 외에는 생활의 이런저런 측면에 관심이 없었다. 〈뉴 스테이츠먼〉[영국의 사회민주주의 성향 주간지]이 클리프에게 문화적 취향을 물어봤을 때, 그는 다음과 같이 대꾸했다. "저는 음악을 듣지 않습니다." 그러나 ANL과 '인종차별에 반대하는 록음악RAR'[1976년 극우 민족주의 세력의 성장에 대항하기 위해 시작된 운동]의 핵심 인물들은 클리프에게 많은 도움을 받았음을 인정한다. 클리프는 클래시[1976년 영국에서 결성된 펑크록 밴드]의 미묘한 선율을 좋아하지 않았을 수 있지만 펑크록이 반란의 음악이라는 것과 마르크스주의자들이 그것을 무시할 수 없다는 것을 알고 있었다.

클리프가 불러 모은 사람들은 그의 꼭두각시 같은 사람들이 아니었다. 클리프의 열정과 유연한 마르크스주의 덕분에 그의 주위에는 노동조합 투사들과 재능 있는 지식인들이 많았다. 1962년에 내가 IS에 가입했을 때 조직원은 약 100명뿐이었다. 그러나 그 중에는 훗날 조직 안팎에서 두각을 나타내게 될 사람들이 여럿 있었다. 마이크 키드런과 나이절 해리스 같은 저술가들, 폴 풋과 존 파머 같은 언론인들, 짐 니콜 같은 변호사, 알래스데어 매킨타이어 같은 철학자, 그리고 (빅토르 세르주의 책을 번역한) 피터 세즈윅 등이 있었다. 당시 IS 활동은 정말 흥미진진했다.

클리프는 이런저런 오류를 범했다. 그러나 그것은 근본적으로 그의 장점의 이면이었다. 옳게도 그는 참을성이 없었다. 즉, 우리가 사는 이 추악한 체제를 참지 못해 끝장내고 싶어서 안달했다. 그러나 때때로 클리프는 새로운 통찰을 얻었을 때 동지들을 차근차근 설득해서 확신시키는 데 필요한 참을성을 발휘하지 못하기도 했다. 클리프는 항상 신입 당원들을 열심히 격려했다. 그러나 때로는 젊은 동지 한 명을 극구 칭찬했다가 그 다음에는 그를 제쳐 두고 다른 사람을 극구 칭찬했다. 그러면 우리처럼, 시쳇말로 천국과 지옥을 자주 왔다 갔다 해 본 사람들은 그것에 익숙해지는 법을 배웠지만 그렇지 못한 동지들은 괴로워하기 십상이었다.

클리프에게 기만적인 겸손 따위는 없었다. 그는 자신이 조직에 중요하다는 것을 알고 있었다. 그러나 클리프는 결코 자신의 지위를 남용해서 개인적 이득을 추구하지 않았다. 그의 생활은 대부분 빈곤층 수준에 가까웠다. 어느 날 밤늦게 킹스크로스 지하철역에서 클리프를 만났을 때가 생각난다. 당시 76세의 노인이었던 그는 미즐랜드에서 열린 모임에 참석했다가 집으로 돌아가는 길이었고, 완전히 파김치가 된 상태였다. 다른 사람들 같았으면 택시를 잡아타고 요금을 당에 청구했겠지만, 클리프는 그런 생각을 꿈에도 품지 않았을 것이다.

클리프는 이런저런 오판을 했다. 그런 오판은 흔히 지나친 낙

관주의 때문에 잘못 생각한 경우였다. 그는 그토록 갈망하던 혁명적 변화를 보지 못하고 죽었다. 그러나 근본적으로는 그가 옳았음이 입증됐다. 즉, 스탈린주의는 사회주의와 아무 관련이 없는 악랄한 억압 체제였고, 의회 개혁주의는 전쟁과 불평등을 끝장내지 못했고, 노동계급(세계 수준에서는 그 어느 때보다 더 많다)은 여전히 세계를 변혁할 수 있는 잠재력을 가진 세력이다.

이런 노랫말이 있다. "이제 10년 동안 우리는 스스로 살아 왔다네." 우리가 부딪힌 새로운 문제들은 그저 클리프의 말을 인용하는 것만으로는 해결할 수 없는 것들이다. 클리프가 말했듯이, "앵무새는 결코 혁명을 일으키지 못한다." 그러나 클리프의 유연한 마르크스주의와 순수하고 강력한 열정은 우리가 미래를 건설할 수 있는 토대를 닦아 놓았다.

후주

1장 문제 인식

1. K Marx, *The Civil War in France*(Moscow, 1977)[국역 : ≪프랑스 내전≫, 박종철출판사, 2003].
2. L Trotsky, *Writings 1934~35*(New York, 1974), pp 181~182.
3. L Trotsky, *Writings 1933~34*(New York, 1975), p 316.
4. L Trotsky, *Writings 1935~36*(New York, 1977), p 260.
5. L Trotsky, *In Defence of Marxism*(London, 1971), pp 16~17.
6. W Reisner(ed), *Documents of the Fourth International*(New York, 1973), p 183.
7. M Kidron, *Western Capitalism Since the War*(London, 1970), p 11.
8. T Cliff and D Gluckstein, *The Labour Party: A Marxist History*(London, 1988), p 227[국역 : ≪마르크스주의에서 본 영국 노동당의 역사≫, 책갈피, 2008].
9. 앞의 책, p 253.
10. L Trotsky, *Writings 1938~39*(New York, 1974), p 78.
11. L Trotsky, *Writings 1937~38*(New York, 1976), p 27.
12. L Trotsky, *Writings 1938~39*, 앞의 책, p 87.
13. T Cliff, *Trotsky: The Darker the Night the Brighter the Star*(London, 1993), p 198을 보시오.
14. 앞의 책, p 383.
15. 같은 책, p 109.
16. 캐넌은 이 말을 1945년 12월에 했다. J P Cannon, *The Struggle for Socialism in the 'American Century'*(New York, 1977), p 200을 보시오.
17. *Fourth International*, June 1946.
18. 앞의 책.
19. *Fourth International*, June 1946.
20. E Germain(Mandel), 'The Soviet Union After the War', *Fourth International*, September 1946.
21. *Fourth International*, June 1948.

22 *Fourth International*, August 1948.
23 T Cliff, *Neither Washington Nor Moscow*(London, 1982), pp 84~85에서 재인용.
24 *International Information Bulletin* 1949년 10월호에 실린 'On the Class Nature of Yugoslavia'를 보시오.
25 Internal Bulletin of the LSSP, Ceylon, April 1954, p 7.
26 앞의 책, p 15.
27 Robert J Alexander, *International Trotskyism*(Durham and London, 1991), p 664.
28 앞의 책, p 334.
29 앞의 책, pp 663~664.
30 *Fourth International*, June 1946.
31 앞의 책.
32 앞의 책.
33 앞의 책.
34 앞의 책.
35 E Germain(Mandel), 'The First Phase of the European Revolution', *Fourth International*, August 1946.
36 E Germain(Mandel), 'Problems of the European Revolution', *Fourth International*, September 1946.
37 E Germain(Mandel), 'From the ABC to Current Reading: Boom, Revival or Crisis?' 경기회복의 증거를 부정하려는 만델의 노력에 대한 비판은 T Cliff, *Neither Washington Nor Moscow*, 앞의 책, pp 24~39에 다시 수록된 내 글 'All that Glitters is not Gold'을 보시오.

2장 국가자본주의

1 앞의 책, p. 61.
2 K Marx and F Engels, *The Communist Manifesto*(Peking, 1990), p 59.
3 F Engels, *Anti-Dühring*(Moscow, 1975), p 336[국역 : ≪반듀링론≫, 중원문화, 2010].
4 R Luxemburg, *Gesammelte Werke*, vol 3(Berlin, 연도 미상), pp 63~64.
5 이러한 주장을 더 정교하게 발전시킨 것으로 T Cliff, *Neither Washington Nor Moscow*, 앞의 책, pp 65~66을 보시오.
6 앞의 책, pp 66~67.
7 L Trotsky, *Problems of the Development of the USSR: A Draft of the Theses of the*

International Left Opposition on the Russian Question(New York, 1931), p 36.
8   *New International*, April 1943.
9   앞의 책.
10 예를 들어, L Trotsky, *The Revolution Betrayed*(New York, 1974), p 289를 보시오[국역 : ≪배반당한 혁명≫, 갈무리, 1995].
11 K Marx, *The Poverty of Philosophy*(London, 연도 미상), pp 129~130[국역 : ≪철학의 빈곤≫, 아침, 1989].
12 앞의 책, p 161.
13 K Marx, *A Contribution to the Critique of Political Economy*(Chicago, 1918), pp 285~286[국역 : ≪정치경제학 비판을 위하여≫, 중원문화, 2007].
14 T Cliff, *State Capitalism in Russia*(London, 1988), pp 221~222[국역 : ≪소련 국가자본주의≫, 책갈피, 1993].
15 앞의 책, pp 165~166.
16 L Trotsky, *The Revolution Betrayed*, 앞의 책, p 6.
17 E Mandel, *Quatrième Internationale*, no 14, 1956.
18 T Cliff, 'The Class Nature of Stalinist Russia'(London, 1948), pp 134~135.
19 앞의 책.
20 T Cliff, *Russia: A Marxist Analysis*(London, 1964), pp 197~198.
21 앞의 책, p 198.
22 앞의 책, p 240.
23 앞의 책, p 287.
24 앞의 책, p 256.
25 앞의 책, p 256.
26 앞의 책, p 254.
27 앞의 책, p 257.
28 앞의 책, pp 248~249.
29 앞의 책, pp 250~254.
30 앞의 책, pp 273~274.
31 앞의 책, p 283.
32 앞의 책, pp 309~310.
33 L Trotsky, *The Revolution Betrayed*, 앞의 책, p 8.
34 코메콘(동유럽 경제 상호 원조 회의) 진영의 국민소득 성장률은 1951~1955년에 10.8

퍼센트, 1956~1960년에 8.5퍼센트, 1961~1965년 6.0퍼센트, 1966~1970년 7.4퍼센트, 1971~1975년 6.4퍼센트, 1976~1980년 4.1퍼센트, 1981~1985년 3퍼센트, 1986~1988년 3퍼센트 증가했다. *Statisticheski ezhegodnik stran—Chlenov soveta ekonomicheskoi vzaimopomoshchi*(Moscow, 1989), p 18.
35 *Financial Times*, 12 May 1992.
36 L Trotsky, *Writings 1933~34*, 앞의 책, pp 102~103.
37 M Haynes, 'Class and Crisis: the Transition in Eastern Europe', *International Socialism* 54, Spring 1992, pp 46~47[국역 : "계급과 위기", ≪소련의 해체와 그 이후의 동유럽≫, 갈무리, 1995].
38 앞의 책, p 90.
39 앞의 책, p 69.
40 T Cliff, *State Capitalism in Russia*, 앞의 책, pp 221~222.

3장 상시 군비 경제

1 T Cliff, 'Fifty Five Years a Revolutionary', *Socialist Review* 100, May 1987, pp 14~19, L German and R Hoveman(eds), *A Socialist Review*(London, 1998), pp 15~28.
2 예를 들어, E Mandel, *Late Capitalism*(London, 1975)를 보시오.
3 T Cliff, 'All that Glitters is not Gold', 앞의 책, pp 24~37.
4 J Strachey, *A Programme for Progress*(London, 1940), pp 210~211.
5 A Crosland, *The Future of Socialism*(London, 1956).
6 앞의 책, p 37.
7 앞의 책, pp 32~33.
8 앞의 책, p 23.
9 앞의 책, pp 520~522.
10 T Cliff, 'The Class Nature of Stalinist Russia', 앞의 책, pp 121~122.
11 앞의 책, pp 121~125.
12 T Cliff, 'Perspectives for the Permanent War Economy', *Socialist Review*, March 1957, T Cliff, *Neither Washington Nor Moscow*, 앞의 책, pp 101~107.
13 앞의 책, p 101에서 재인용.
14 F Sternberg, *Capitalism and Socialism on Trial*(London, 1951), p 438.
15 K Marx, *Capital*, vol III, ch 30: 'Money Capital and Real Capital'(Moscow, 1959), p 484[국역 : ≪자본론≫ 3(하), 비봉출판사, 2004].

16 T Cliff, 'The Class Nature of Stalinist Russia', 앞의 책, pp 121~125: T Cliff, *Neither Washington Nor Moscow*, 앞의 책, pp 106~107.
17 앞의 책, p 107.
18 앞의 책, p 107.
19 앞의 책, p 107.
20 Financial Times, 4 September 1998.
21 상시 군비 경제 이론은 마이크 키드런과 크리스 하먼이 더 한층 발전시켰다. M Kidron, *Western Capitalism Since the War*(London 1970)과 *A Permanent Arms Economy*(London 1989), 그리고 C Harman, *Explaining the Crisis*(London, 1984)를 보시오[국역 : ≪마르크스주의와 공황론≫, 풀무질, 1995].

4장 빗나간 연속혁명

1 R C North, *Kuomintang and Chinese Communist Elites*(Stanford, 1962), p 32.
2 H R Issacs, *The Tragedy of the Chinese Revolution*(London, 1938), p 333.
3 앞의 책, p. 394.
4 *World News and Views*, 22 April 1939.
5 S Gelder, *The Chinese Communists*(London, 1946), p 167.
6 1938년 11월 24일치 〈뉴욕 타임스〉가 1938년 11월 23일 충칭에서 공포됐다고 보도한 "공산당 포고문"을 보시오.
7 H R Issacs, 앞의 책, p 456.
8 *New China News Agency*, 11 January 1949.
9 같은 곳, 3 May 1949.
10 *New York Times*, 25 May 1949.
11 *South China Morning Post*, 17 October 1949.
12 C Wright Mills, *Listen Yankee*(New York, 1960), p 47[국역 : ≪들어라 양키들아≫, 녹두, 1985].
13 P A Baran, *Reflections on the Cuban Revolution*(New York, 1961), p 17.
14 쿠바 공산당, 즉 민중사회당은 참으로 한심했다. 공산당은 1939년부터 1946년까지 바티스타의 통치를 지지했다. 공산당은 바티스타의 첫 내각에 참여해 각료 자리 두 개를 차지하기도 했다. 1944년 공산당 기관지 ≪오이≫(Hoy)는 바티스타를 "민중의 우상, 우리 민족의 정책을 집행하는 위대한 인물, 새로운 쿠바의 신성한 합의를 구현하는 인물"이라고 치켜세웠다. 공산당은 카스트로를 프티부르주아 모험가로 규정했다. 위에

서 말한 바와 같이, 공산당은 1958년 4월 파업에 협력하지 않았다. 1958년 6월 28일에야 비로소 공산당은 '투명한 민주 선거'로 바티스타를 제거하자고 소심하게 주장했다. P A Baran, 앞의 책을 보시오.

15 1961년 12월 1일 카스트로의 연설, "전 세계와 아바나"(El Mundo La Habana), 1961년 12월 22일.
16 Che Guevara, 'Cuba: Exceptional Case?', *Monthly Review*(New York), July-August 1961, p 59.
17 T Draper, 'Castro's Cuba: A Revolution Betrayed?' *Encounter*(London), March 1961.
18 Che Guevara, 앞의 글, p 63.
19 L Trotsky, *The Permanent Revolution*(New York, 1978), p 278[국역 : ≪연속혁명 평가와 전망≫, 책갈피, 2003].
20 같은 책, p 279.
21 T Cliff, 'Deflected Permanent Revolution', *International Socialism* 12(first series), spring 1963에 처음 실렸다.
22 예를 들어, 인도에서 실시된 어떤 조사 결과를 보면, 1949년에서 1953년 사이에 러크나우 대학교에서 인문, 자연과학, 상경, 법학 계열 석사 학위를 취득한 학생들의 25퍼센트가 1957년에도 여전히 실업자 상태였다. 또한, 인문 계열 출신 학생의 47퍼센트, 과학 계열 출신 학생의 51.4퍼센트, 상경 계열 출신 학생의 7퍼센트, 사범대 출신 학생의 85.7퍼센트가 공무원이 되는 데 필요한 자격을 얻으려고 대학에 진학했다고 응답했다. 학위 소지자의 약 51퍼센트는 대학 교육이 '시간 낭비'라고 결론지었다. M Meiner, *Party Politics in India*(Princeton, 1957), pp 8~10.
23 V Alba, 'The Middle Class Revolution', *New Politics*(New York), winter 1962, p 71.
24 G D Overstreet and M Windmiller, *Communism in India*(Berkeley and Los Angeles, 1959), p 540.
25 앞의 책, p 358.

5장 유산

1 G Kolko, *The Politics of War*(New York, 1968), p 77.
2 앞의 책, p 77.
3 앞의 책, p 78.
4 I Birchall, *Bailing out the System*(London, 1986), pp 39~40[국역 : ≪서유럽 사회주의의 역사≫, 갈무리, 1995].

5   G Kolko, 앞의 책, p 95.
6   P Broué, 'The Italian Communist Party, the War and the Revolution', *Revolutionary History*, spring 1995, p 111.
7   P Ginsburg, *A History of Contemporary Italy*(London, 1990), p 22.
8   앞의 책, p 64.
9   앞의 책, p 68.
10 P Broué, 앞의 책, p 112.
11 P Ginsburg, 앞의 책, pp 42~43.
12 앞의 책, p 52.
13 독일을 다룬 부분은 곧 나올 책, Donny Gluckstein, *Barbarism: Nazi Counter-revolution, Capitalism and the Working Class*(London, 1999)에 바탕을 두고 있다[책 제목이 The Nazis, *Capitalism and the Working Class*로 바뀌어 출간됐다].

6장 결론

1   T Cliff, *Lenin: Revolution Besieged* (London, 1987), pp 216~218.
2   T Cliff, *Trotsky: The Darker the Night the Brighter the Star*, 앞의 책, p 155.
3   앞의 책, p 286.
4   L Trotsky, *The Death Agony of Capitalism and the Tasks of the Fourth International*(London, 1980)[국역 : "이행기강령 : 자본주의의 단말마적 고통과 제4인터내셔널의 임무", ≪사회혁명을 위한 이행기강령≫, 풀무질, 2003].
5   K Marx and Engels, *Collected Works*, vol 11(Moscow, 1979), p 815. 인용문은 셰익스피어, ≪햄릿≫, 제1막, 제5장에서 인용한 것이다[마르크스는 ≪루이보나파르트의 브뤼메르 18일≫에서 두더지가 땅을 파는 것을 혁명의 준비 과정에 대한 은유로 사용한 바 있다].

토니 클리프의 주요 저서

Stalin's Satellites in Europe (London, 1952)
Stalinist Russia : A Marxist Analysis (London, 1955)
Mao's China (London, 1957)
Rosa Luxemburg (latest edition London, 1983)[국역 : ≪로자 룩셈부르크≫, 북막스, 2001]
Deflected Permanent Revolution (latest edition London, 1990)
Russia : A Marxist Analysis (London, 1964)
Incomes Policy, Legislation and Shop Stewards (London, 1966) with Colin Barker
The Employer' Offensive: Productivity Deals and How to Fight Theme (London, 1970)
State Capitalism in Russia (latest edition London, 1996)[국역 : ≪소련 국가자본주의≫, 책갈피, 1993]
Neither Washington Nor Moscow: Essays on Revolutionary Socialism (London, 1982)
Class Struggle and Women's Liberation (London, 1984)[국역 : ≪여성해방과 혁명≫, 책갈피, 2008]
Marxism and Trade Union Struggle: The General Strike of 1926 (London, 1986) with Donny Gluckstein
Lenin, Volume 1, Building the Party (latest edition London, 1986)[국역 : ≪레닌 평전 1 : 당 건설을 향해≫, 책갈피, 2010]
Lenin, Volume 2, All Power to the Soviets (London, 1985)[국역 : ≪레닌 평전 2 : 모든 권력을 소비에트로)≫, 책갈피, 2009]
Lenin, Volume 3, The Revolution Besieged (London, 1987)
The Labour Party: A Marxist Analysis (latest edition London, 1994) with Donny Gluckstein[국역 : ≪영국 노동당의 역사≫, 책갈피, 2008]
Trotsky, Volume 1, Towards October (London, 1989)
Trotsky, Volume 2, Sword of the Revolution (London, 1990)
Trotsky, Volume 3, Fighting the Rising Stalinist Bureaucracy (Lorldon, 1991)
Trotsky, Volume 4, The Darker the Night the Brighter the Star (London, 1993)

찾아보기

ㄱ

가변자본 57
개혁주의 14, 16, 71, 104, 105 : ─ 정당 15, ─적 노동조합 70
게슈타포 117, 119
"계급과 위기 : 동유럽의 체제 전환" 72
계급투쟁 42, 43, 52
계획 경제 65
≪고용·이자·화폐의 일반이론≫ 79
고용승수 89
공동전선 20
≪공산당 선언≫ 9, 10, 17, 41, 48
공산당 14, 105~108, 110 : 독일 ─ 20, 117, 119, 121, 이탈리아 ─ 115, 116, 인도 ─ 108, 유고슬라비아 ─ 27, 중국 ─ 95, 96, 98, 체코슬로바키아 ─ 127, 128, 쿠바 ─ 100, 프랑스 ─ 111, 112, 113
공산주의 29, 68, 75, 95, 108 : ─자 9
과도 강령 129
과잉생산 129
관료 집단 12, 25, 46, 55, 57~62, 64, 70
관료주의 27, 58
교조주의 37, 78
국가자본주의 39, 58, 61, 73, 76, 101, 105~108, 110, 123~125 : ─ 경제성장 노선 125, ─ 이론 37, 39, 59, 74~76, 83, ─ 정책 124, ─ 체제 39, 58, 65, 74, 관료적 ─ 67, 68, 소련 ─ 62, 84
국민당 : 중국 ─ 95, 96, 97, 124
국유화 48, 73
국제 혁명 12
국제사회주의경향(IST) 37, 110
군비경쟁 76, 80, 83, 87, 91, 123
군사정권 41
군주제 116
기민당 : 이탈리아 ─ 116
기회주의 74

ㄴ

나치 18, 20, 21, 109, 111, 112, 116~121 : ─ 노조 119, ─ 부역자 112, ─ 운동 19, ─ 정권 118, 119, 121, ─ 체제 77, ─ 활동가 119, 120, ─즘 117, 119, 120, 121, 128
나폴레옹(Napoléon) 39, 85 : ─ 전쟁 85
내전 71, 96
냉전 123
네오파시스트 34
노동계급 9, 10, 16, 18, 30, 31, 36, 40~42, 44, 45, 47, 57, 60, 68, 74, 75, 83, 94, 95, 97, 98, 100, 101, 103~105, 109, 118, 126~128 : ─ 권

력 16, ─ 운동 19, ─ 정당 95, ─ 해방 45, ─ 혁명 48, 공업 ─ 95, 96, 99, 101, 국제 ─ 20, 독일 ─ 123, 소련 ─ 71, 76, 이탈리아 ─ 114
노동당 : 노르웨이 ─ 128, 영국 ─ 14, 15, 80, 81
노동생산성 62, 63, 68~70
노동자 : ─ 권력 30, 122, ─ 민주주의 126, ─ 운동 105, 121, ─ 정당 19, 27, ─ 혁명 10, 28, 31, 45, 124
노동자 국가 10, 25~29, 31, 40~42, 45, 46, 48~51, 60, 70, 71 : 기형적 ─ 27, 28, 변질된 ─ 25, 45, 48, 53, 59, 68, 74, 75 왜곡된 ─ 25, 후진국 ─ 75
"노동자 국가, 테르미도르, 보나파르트 체제" 12
노동자 평의회 11
노동조합 50, 70, 82, 99 : ─ 관료 집단 70, ─ 운동 99, ─ 지도자 53
노동조합주의 : 기업별 ─ 99
농민 10, 35, 52, 56, 85, 95, 98, 100, 101~103, 105, 106, 108, 116 : ─ 반란 103, 104, ─운동 95
농업 집산화 56
뉴딜 정책 81
〈뉴욕 타임스〉 98
뉴턴, 아이작(Newton, Isaac) 22

ㄷ

대공황 86
도리오(Doriot) 34
도이처, 아이작(Deutscher, Issac) 61

독립사회민주당 : 독일 ─ 127
독일 노동전선 119
독일 통일 70
독점자본 99
드골주의 111
드그렐, 레옹(Degrelle, Léon) 34
≪들어라 양키들아≫(Listen Yankee) 98

ㄹ

≪러시아 : 마르크스주의적 분석≫ 62
≪러시아 혁명사≫ 19
레닌(Lenin) 11, 18, 19, 37, 40, 50, 60, 75, 78, 110, 128
레지스탕스 111~113
로베스피에르(Robespierre) 41
루스벨트(Roosevelt) 80, 81
≪루이 보나파르트의 브뤼메르 18일≫ 19
룩셈부르크, 로자(Luxemburg, Rosa) 11, 42, 78, 110
린뱌오 장군 96

ㅁ

마르크스, 카를(Marx, Karl) 9, 10, 19, 37, 40, 42, 43, 50~53, 55, 56, 68, 78, 81, 83, 84, 87, 93, 110, 129 : ─ 경제학 79
마르크스-레닌주의 혁명 이론 45
마르크스주의 : 9, 11, 21, 30, 31, 37, 41, 42, 45, 51, 57, 60, 75, 124, 126 : ─ 국가론 50, ─ 변증법 125, ─ 사상가 18, 41, ─ 연속성 128, ─ 저작 19, 78, ─ 테제 71, ─자 19,

60, 61, 69, 76, 80, 126, ― 전통 127, 고전 ― 37, 75, 혁명적 ― 129
마르티, 앙드레(Marty, André) 112
마오쩌둥 16, 94~97, 110, 123 : ―주의 126
마조비에츠키(Mazowiecki, Tadeusz) 72
만델, 에르네스트(Mandel, Ernest) 24, 25, 31, 34~36, 43, 61, 77~79, 83, 109
모스크바 공개 재판 21
무솔리니, 베니토(Mussolini, Benito) 34, 113, 117
무장봉기 46
민족문화 106
민족운동 107
민족해방 16, 98, 101, 102 : ―운동 127
민족해방위원회 117
밀스, 라이트(Mills, C Wright) 98

ㅂ

바돌리오(Badoglio) 원수 117
바티스타(Batista, Fulgencio) 99, 100
반나치 연합 전선 운동 120
반파시스트 : ― 세력 116, ― 위원회 118~122, ― 위원회 운동 118
반혁명 25, 60, 71, 72 : ― 세력 25, ― 활동 25, 사회적 ― 49
배급제 15
배런, 폴(Baran, Paul) 99
《배반당한 혁명》 58
버철, 이언(Birchall, Ian) 111
베트남 전쟁 93
변증법 58, 69, 125

보나파르트 체제 12, 26
〈보르바〉(Borba) 27
볼셰비키 60 : ― 독재 48, ― 혁명 11, ―당 21
봉건제 44, 51, 102, 103
부르주아 혁명 94, 98
부문주의 66
불변자본 57
불황 19, 83, 84, 87, 92
브루에, 피에르(Broué, Pierre) 113, 115
브리소(Brissot) 52
비스마르크, 오토 폰(Bismarck, Otto von) 43, 44
비시(Vichy)정부 111
비정규군과 빨치산(Franc-Tireurs et Partisans) 111
빗나간 연속혁명 104, 123, 124 : ―론 38, 94, 104, 110, 126, 국가자본주의로 ― 108

ㅅ

사유재산 59 : ―제 102
사적 소유 51~53 60
사회 개혁 13, 82, 129
사회당 : 불가리아 ― 127, 스웨덴 ― 128, 유고슬라비아 ― 127, 이탈리아 ― 116, 127, 프랑스 ― 111, 127
사회민주당 : 개혁주의적 ― 117, 119, 122, 독일 ― 20, 127, 체코슬로바키아 ― 127
사회민주주의 정당 14, 16
사회변혁 101, 104
사회주의 9, 31, 43, 60, 69, 75, 81, 94,

126 : ─ 생산양식 73, ─ 이론 75, ─ 체제 68, 72, ─ 투쟁 108, 126, ─ 혁명 26, 27, 42, 101~103, 105, 116, ─자 82, 공상적 ─ 31, 과학적 ─ 21, 31, 혁명적 ─ 101
≪사회주의의 미래≫ 81
사회혁명 40, 41, 43, 73, 115
산업 투쟁 114
상시 군비 경제 93, 110, 123~125 : ─ 이론 37, 77, 83, 84, 90, 93, 123~126
"상시 전쟁 경제의 전망" 84
상퀼로트(sans-culotte) 44
생산관계 51~53, 55, 58, 59, 106
생산수단 40, 41, 45, 47, 54, 55, 57, 83, 84, 88
생산양식 57, 59, 73, 74
생산양식 : 사회주의 ─ 72, 73
세계대전 : 제1차 ─ 33, 84~87, 110, 제2차 ─ 11~14, 21~23, 37, 39, 77, 79, 83, 84, 87, 88, 90, 92, 105, 109, 110, 118, 123, 124, 126, 128
소련 12, 13, 18, 22~25, 27, 28, 38~40, 45, 46, 48~51, 53, 55~61, 62~65, 67~73, 75, 76, 83, 84, 91, 92, 106, 110, 115, 118~121, 123~125
≪소련 국가자본주의≫ 75
"소련 스탈린 체제의 계급적 성격" 62, 83, 84, 90~92
소비에트 11, 45, 46, 50, 95 : ─ 국가기구 46
소유 10, 14, 40, 41, 48, 51~54, 56, 59, 60, 100, 112, 126
스콜라 철학 23

스탈린(Stalin) 11, 22, 25, 26, 53, 56, 59, 62~64, 68, 75, 80, 109, 117, 124, 128 : ─ 체제 12, 13, 21~25, 28, 39, 40, 50, 55, 58~61, 63, 68, 69, 71, 74~77, 84, 110, 123~126
스탈린주의 16, 41, 55~57, 73, 104, 105, 110, 117, 121, 126, 128, 129 : ─ 관료 집단 59, ─ 정당 16, 123, 124
스트레이치, 존(Strachey, John) 80
시장 자본주의 73, 77, 84, 92
시장경제 73, 84

ㅇ

아리스토텔레스(Aristoteles) 21, 23
아편 전쟁 85
안티파스 118
애틀리(Attlee) 41 : ─ 정부 14, 15
야루젤스키(Jaruzelski) 장군 72
얄타 협정 121
에렌부르크, 일리야(Erenburg, Il'ya) 118
엥겔스(Engels) 9, 42, 50, 78
역사유물론 19, 75
연대노조 72
연속혁명 102~104
연속혁명론 10, 16, 38, 58, 59, 76, 94, 101, 102, 104, 108 : 고전적 ─ 129
옐친, 보리스(Yeltsin, Boris) 71
"유고슬라비아 공산당에 보내는 공개서한" 26
이중권력 120
이탈리아 44, 111, 113, 114, 116, 117, 123, 127
인민민주주의 25, 26, 39, 45

인민민주주의 체제 39, 40, 42, 45
≪인민민주주의 체제의 계급적 성격≫ 40, 44
인민해방군 96, 97
인클로저 56
인터내셔널 : 제1 — 127 ,128, 제2 — 17, 127, 128 제3 — 17, 127, 128, 제4 — 11, 12, 16~18, 22, 24~28, 31, 33, 35, 44, 128
인플레이션 15
일국사회주의 58, 59, 75
임금노동 54 : —자 89, 99, 100
≪임박한 권력 투쟁≫ 80
잉여가치 56, 57, 92

ㅈ

≪자본론≫ 56, 69, 83
자본의 시초 축적 56, 64
≪자본주의 위기의 본질≫ 80
≪자본주의의 죽음의 고통과 제4인터내셔널의 과제≫ 13
자본축적 56, 57, 83, 88, 107
자유시장 경제학 126
장기 호황 79, 93, 110
장제스 124
적군(赤軍) 18, 41, 120
"전쟁과 제4인터내셔널" 12
≪전쟁의 정치학≫ 111
전체주의 57, 107
정치 투쟁 114
정치권력 40
정치혁명 49 : 부르주아 — 49
제3공화정 111

제3세계 18, 38, 94, 101, 104, 108, 124~126
≪제4인터내셔널≫ 23
제국주의 16, 27, 86, 94, 98, 101~105, 123, 124
주더 95, 97
중간계급 100, 108 : — 지식인, 98 — 운동 100
중국 16, 18, 28, 44, 94~97, 123
중앙집권화 30
지배계급 40, 41, 43, 48, 53, 58, 68, 72, 73, 86, 125
지식인 100, 101, 105~107, 116 : 혁명적 — 105
≪진보를 위한 정책 강령≫ 81
진스버그(Ginsburg) 116

ㅊ

착취율 57, 88
처칠(Churchill) 41
체 게바라(Che Guevara) 100, 101, 126
축적 55, 57, 58, 65, 76, 84, 88, 93

ㅋ

카스트로, 피델(Castro, Fidel) 94, 98~100, 110 : — 운동 100
칼리닌(Kalinin) 24
캐넌, 제임스 P(Cannon, James P) 22
케인스(Keynes) 79~81, 89 : — 이론 80
케인스주의 79, 81, 82, 126 : —자 83
코민테른 18, 21, 95, 115, 127, 128
콜코, 게이브리얼(Kolko, Gabriel) 111, 112

쿠바 16, 28, 94, 98, 99, 100, 123 : — 혁명 98, 99, 101
크로스랜드, 앤서니(Crosland, Anthony) 81, 82
크림 전쟁 85
키드런, 마이크(Kidron, Mike) 14
키슈차크(Kizcak) 장군 72

ㅌ

탈자본주의 체제 71, 73
테르미도르 반동 47
토레즈, 모리스(Thorez, Maurice) 112, 113, 115
톨리아티(Togliatti, Palmiro) 116, 117
트로츠키(Trotsky) 10~13, 16~22, 24, 25, 31, 37, 45~51, 53, 58~61, 69~71, 75~79, 90, 94, 98, 101~103, 108~110, 123, 124, 127~129
트로츠키주의 18, 28, 31, 77, 78, 124, 128, 129 : — 운동 7, 22, 36, 77, 128, —자 18, 21~ 23, 27, 28, 36, 37, 43, 44, 77, 79, 94, 109, 128, 정설 — 37
티토(Tito) 26, 27
틸롱, 샤를(Tillon, Charles) 112

ㅍ

파리 코뮌 9, 10, 48
파블로, 미셸(Pablo, Michel) 27, 28, 31, 35, 36, 43, 78, 109
파시스트 27, 34, 41, 114~116
파시즘 17, 34
《파시즘의 위협》 80

포사다스, 후안(Posadas, Juan) 28, 31, 35, 36
프랑스 16, 18, 19, 44, 47, 85, 111~113, 115, 117, 123
《프랑스 내전》 9
프랑스 혁명 49
《프랑스의 계급투쟁》 19
프롤레타리아 독재 47
프롤레타리아 민주주의 45
프롤레타리아 혁명 41~44, 46, 47, 110
프루동(Proudhon) 51, 52
프리드리히(Friedrich) 대왕 85
플라톤(Platon) 21

ㅎ

하먼, 크리스(Harman, Chris) 7, 73
헤인스, 마이크(Haynes, Mike) 72, 73
혁명 : 10월 — 18, 21, 75, 1848년 — 9, 49, 1905년 —10, 11, — 운동, 17, 101, 105, — 투쟁 33, 44, 108, 117, 독일 — 120, 동유럽 — 71, 사회주의 — 26, 27, 42, 101~103, 105, 106, 세계 — 27, 스페인 — 128, 식민지 — 29, 인도네시아 — 129, 중국 — 18, 98, 쿠바 — 98, 99, 101
혁명적 패배주의 26
혁명 정당 23, 27, 49, 50, 127
형식주의 60
홍군 98
히틀러(Hitler) 19, 41, 80, 86, 117, 121, 123, 128
히틀러-스탈린 조약 117
힐리, 제리(Healy, Gerry) 79, 83